行動する「自利利他円満」の仏教

宮沢賢治・親鸞・道徳論をめぐる断章

服部進治 著

同時代社

まえがき

小著は仏教そして宮沢賢治と親鸞に関わって、厳密な方法論に基づいて論述された学術書ではない。しかし、さりとて「ライトエッセイ」の類いでもない。なぜなら本書は思いつきの羅列集ではないからである。

私は長年高校の社会科（公民科）の教員を勤めてきた。私自身の現役時代を振り返ってみると、私は生徒に対して、「高度な学問的な専門家」と一方的な「伝達者」であろうとした場面が多かったように思う。

そうした私の権威主義的な姿勢が生徒による反撃に遭って、頭を抱えてしまった顚末については、拙著『葛藤を組織する授業——アナログな知性へのこだわり』（同時代社）でまとめておいた。それ以来、私は、「高度な学問的な専門家」を自負して、生徒を上から「育てる」といった立ち位置は、「教師の傲慢」なのではないか、という思いを強くしたのである。「教師の傲慢」とは。教師が生徒に対して、「学力」ひいては「能力」の判定者という「権力」に依りかかっていることなのではないだろうか。

こうして生徒との関係で自信を失って、頭を抱えていたときに出遇った文章が、政治学者丸山真男の『増補版　現代政治の思想と行動』（未来社）の「増補版への後記」であった。

私は本書の中で、市民の日常的な政治的関心と行動の意味を「在家仏教」主義にたとえたが、同じ比喩を学問、とくに社会科学についても日頃考えている。私を含めて学問を職業とする学者・研究者はいわゆる学問の世界の「坊主」である。学問を高度に発達させるために、坊主はいよいよ坊主として修業をつまなければならない。しかし、宗教と同じように、一国の学問をになう力は――学問に活力を賦与するものは、むしろ学問を職業としない「俗人」の学問活動ではないだろうか。（中略）本書の論文で意図したことは、（略）学問的思考を「坊主」の専売から少しでも解放することにあったのである。

（五八二頁、傍点は丸山）

現在、私は浄土真宗本願寺派で得度したので、「坊主」ではあるが、寺の住職ではない。もちろん出家もしていない。さらに仏教の研究者でもない。あえて名刺上の肩書きで言えば「在俗」の一僧侶である。そこでこの小著の性格を、丸山真男に依拠しながら、この場ではとりあえず、次のようにまとめてみた。小著は、「俗人」（仏教に倣えば「凡夫」）たる私の「学問活動」（と言えるほどのものではないが）のここまでの到達点を示す報告レポートである。

前述したように、本書は仏教に関する研究書ではない。一方で私は、法名「釈進楽《しゃくしんぎょう》」をいただいた「仏弟子」として、念仏者の端くれに身を置いている者でもある。

では本書は仏教（浄土真宗）に関わる法話集なのか。法話とは、僧侶が葬儀や法要、諸行事に参列した人たちに対して、折に触れて語る、宗派の教理を易しく説き明かす、いわゆる「お説教」を指す。法話の対象の多くは、宗派に連なる檀家という、言ってみれば身内である。もっとも最近は、仏教各宗派とも檀家の高齢化で、寺の存続の危機に見舞われている。そのために若い僧侶たちが「坊主バー」とか「仏教カフェ」をひらいたり、寺の本堂で各種イベント（ロックフェスや落語会等々）を開催したりと、「開かれた」伝道に腐心をしている。

いずれにしても法話は教理の絶対的な正当性（無謬性）に基づく信心を前提としているので、教理を思想として、対象化して客観的に語ることは避けられるのである。こうして「法話」という「お説教」は、特定の「信仰」を持たない人たちに対しては、信心とは、やみくもに信じ込まなければならない、というある種の強迫感を抱かせてしまうことにもなりかねない。

小著は身内を対象とした法話集ではないことを、ここであらためて強調しておきたい。本書はむしろ仏教や宗教そのものに懐疑を抱いたり、無関心な方々を念頭に置いて叙述されている。したがって本書は宗派の系列が発行する「官許」の教科書ではない。また学僧や研究者が著した学術書を一般向けに解説しようとするものでもない。

私は得度をしたからといって、「さとり」に到達をしたわけではない。燃えさかる煩悩の火焔に日夜もだえている「俗人」なのである。

俗人たる私は、大乗仏教における自他の関係性と救済の論理を、とことん納得したいのである。自分自身が心底納得していない「信心」は、「鰯の頭も信心から」となってしまう。納得するとは、単に知識としてこの私が「知る」ことではない。私にとって、物事の道理が明らかになって、腑に落ちて、合点がゆき、自分の態度決定へとつながる営為なのである。

親鸞が比叡山での修行に見切りを付けて、法然のもとに帰入したいきさつを綴った、妻恵信尼《えしんに》の手紙が現存している。そこにはこうある。生死《しようじ》の迷いから抜け出る道は、あなたを見捨てないで、必ず救うぞ、という阿弥陀仏の誓いを信じて、念仏するのがただ一筋の最上の道だ、と師たる法然が「候ひし」言葉を、夫・親鸞は「うけたまはりさだめて候ひし」と述べていた、というのである（『浄土真宗聖典――註釈版 第二版』本願寺出版社、八一一頁。以下『註釈版聖典』と略記する）。

つまり親鸞は法然の言葉を、しっかりと納得したのである。だから比叡の山を下りることに何のためらいもなかったのだ。

私は仏教とは合理に拠った、論理的な哲学思想だと思っている。つまり私は仏教を、論理を超えた神秘的呪術的な対象としては捉えてはいない。

私は本書でたくさんの先学の著作から、煩瑣を承知の上で、引用を多用した。それは私の思いを、先学の「権威」によって、箔をつけるためではない。私は先に触れたように、宮沢賢治はもちろん、仏教や親鸞の研究者ではない。市井の隅に身を置く、一宗教者である。引用は、先学の言説に出会い、それに学んで、スッキリと私自身が納得をしたことの確認の証しなのである。

＊目次

第9章 「自利利他円満」と道徳的価値 179

第1章

本書の問題意識

1　他者とつながって生きる「私」

昨今、仏教は「葬式仏教」などと揶揄されることが多い。たとえば葬儀の法話に際して、参列者はハッと我が身を見つめ直すきっかけが提供されているのだろうか。ここで私が強調しておきたいことは、ハッとさせられる我が身とは、現代という歴史の中に身を置く同時代人であることを忘れてはならない、ということなのである。

ここで一人ひとりにとっての同時代という歴史性を強調した理由は以下の通りである。法話で〝好評〟を得る例話は、嫁と姑の話が多いそうである。たとえば愚痴ったり、相手を罵ったりする嫁（姑）に対して、「あなた自身の心の奥底に潜んでいる地獄の紅蓮の焔が憎しみや愚痴を生むのです。憎しみや愚痴は自分中心の心から生まれます。その憎しみはまた憎しみを生みます。その地獄の焔を煩悩と言います」などと語りかければ、その場でうんうんと頷き、「有り難いご法話をありがとうございました。家に帰ったら嫁（姑）にも聞かせます」と礼を言われる。

坊さんはあわてて（ここであわてる坊さんは誠実である）、「今の話はあんたに言ったのだよ」と返さなければならないのだが、「有り難や、有り難や」と合掌、低頭されて、「お布施」をもらって、終わってしまう。そして当の嫁（姑）が家に帰れば、両者のバトルがまた再燃するのである。

嫁と姑の話には、会場（高齢者が多い）は大いに盛り上がるそうである。ここでの他者への関心は、半径一メートルの範囲なのだ。

ただ誤解や曲解をしないで欲しい。私は半径一メートルの範囲内での他者への関心を非難したり、ましてや否定しているわけではない。もし私の妻が私に先だって亡くなれば、愛する者との別れの苦しみ（愛別離苦）に身をもだえて、嘆き悲しむに違いない。そしてその悲しみは何ヶ月、何年続くかわからない。

けれども時の経過とともに、心が落ち着いてくるならば、先に娑婆との縁が切れた先人たち、たとえば私の両親との対話が始まるに違いない。ここで言う先人（死者）は、半径一メートルの範囲を超えている「他者」にも及ぶはずである。私は、彼らと改めて出会い直しているのである。

私が、半径一メートルの範囲を超えた他者へ関心を抱くのは、過去・現在・未来を超えた想像力によって、「誰かの痛みは、私の痛みである」ことを実感するということなのである。とりわけ未来の子孫に対する現代人の責務は大きい。地球の環境破壊をこれ以上許して良いのか、原発の汚染物質を未来の世代に丸投げして良いのか。

「私」という自覚は、こうした他者認識の拡がりによって促される。宗教学者丘山新氏によれば、それは、「他者の発見」や「他者の自覚」による、「個人苦」から「世界苦」への意識の拡がりをも示している（『菩薩の願い』ＮＨＫライブラリー、二四頁）。「他者の自覚」「他者の発見」「他者への関心」は、紀元一世紀前後に興った大乗仏教の「利他主義」につながるのである。

2　政治課題を忌避しがちな仏教界

今日、僧侶が時の政権の政策を批判しようものなら、「坊主が政治に関わっていいのか」と激しく詰め寄られる場合が多々ある。僧侶の側でも、檀家に離れられることを恐れて、政治に触れることを憚っておられる場合も多い。もちろん、非戦平和、さらに貧富の格差そして差別の根絶に向けて、さまざまな市民運動に携わっておられる僧侶方が多数おられることも事実である。

他方で「憲法の政教分離の原則からいって、僧侶が政治や経済を語ることは避けるべきだ」といった声も聞こえてくるのである。後述するように、この声は、論理的にも筋違いであるのだが。

政教分離原則とは、大日本帝国憲法下で、国家神道が国民に強要され、戦争遂行の原動力となったことへの深い反省から、国家権力と宗教との癒着の厳禁、つまり両者の分離が明示されたことを指すのである。

毎年八月になるとクローズアップされる靖国問題で言えば、靖国神社は、もともと旧陸軍・海軍が管理する軍事的な宗教施設であった。その起源は、嘉永六（一八五三）年の黒船来航以降、「国難」に殉じた戦没者を祀る東京招魂社が、東京の九段に創建された明治二年に由来する。東京招魂社は明治一二年に靖国神社に改称されることとなる。戦没者といっても、戊辰戦争や西南戦争では官軍側の戦死者に限って祀られたのである。そしてアジア・太平洋戦争期には、多くの国民が「靖国でまた会おう」と言って、戦場に赴いたのである。

靖国神社のそうした創立の経緯と、それが果たしてきた歴史的事実を顧みれば、今日、公人としての首相・閣僚などの「公式参拝」はもちろん、彼らの私人名目での靖国神社参拝には、一宗教人として看過できないものがある。なぜなら、公私の使い分けというご都合主義はもちろんのことだが、そもそも今次アジア・太平洋戦争への反省と悔悟の弁もなく、「英霊の御霊に尊崇の念を表した」などという、毎年同じ紋切り型の言葉を聞くにつけ、私は彼らに政治家としての誠実さを感じないのである。自らの支持基盤に向けての政治的な思惑（選挙対策とか）

が透けて見えるのである。

靖国問題に限らず、あらゆる政治的経済的そして文化的な問題をめぐって、個人が意見を表明したり、意見の異なる個人と個人が意見を交わすということは民主主義の根本である。だから「政治的中立」を装って、意見の分かれる重要な国民的な課題に沈黙を託つことは、宗教人であろうとなかろうと、主権者としての権利を放棄したことにもなり、それがある種の忖度によるものであるとしたならば、それこそ政治主義でもある。

政教分離をはじめとした問題の本質は、国民の間に存在する意見の対立に公権力が介入して、どちらか一方を抑圧したり、逆に支援(経済的にも)することは、立憲主義の現憲法下では許されない、ということなのである。このことは靖国問題にもあてはまる。だから僧侶という個人が政教分離を理由にして、政治問題を語ることを、忌避ないし否定することはまったくのお門違いであり、論理的にも筋違いなのである。

さて僧侶の語りは、先の嫁と姑の話ではないが、苦悩を背負って生きていかざるを得ない個人個人の心理学的な分析については精緻を極めている。しかしその一方で僧侶をはじめ宗教者が、目の前の政治・経済問題に対して、政治的中立の名の下に静観あるいは沈黙を託つことは、現代社会の個々人が抱える「苦悩の社会分析を抜きにして全てを(個人の——服部)心の問題に還元し、その結果、体制社会の不正・矛盾・歪みに目を閉ざし、差別的な社会を支え」てしまうことにならないだろうか（尾畑文正「仏教と現実社会」上、『東京新聞』二〇一九年一〇月六日）。ブラジルで布教活動に携わったこともある、真宗大谷派の学僧である尾畑氏の言葉を、私は重く受け止めるものである。

法話の説教で、「思い通りにならない人生の苦しみの原因は、自分を取り巻く環境にあるのではなく、自分中心にしか考えられない、あなた自身の煩悩のせいなのです」などと説かれている現実を想像してみよう。そのお説教が、月七万円の年金暮らしをしている、八十八歳のひとり暮らしの女性に向けられる場合、私は考え込んでしまう。彼女は、ひどい腰痛やリューマチの疾患などのために、電気治療や理学療法を受けたいのだが、経済的に無理だという苦しみを訴えているときに、先のお説教を彼女はどのように受け止めるのだろうか。

仏教をはじめとした宗教界と政治的な課題との関係でいえば、アジア・太平洋戦争に限っても、日本の仏教界が教団をあげて、仏法の名において時の戦争政策を正当化し、協力してきた歴史を忘れてはならないと思うのである。仏教は、現実世界を「因・縁・果」の関連の中で理解する。したがって戦争はもちろん差別や貧富の格差という現実社会の社会的「苦」からの解放は、「果」である眼前の現実社会の原因（「因」「縁」）を取り除いてこそ実現されるのである。

3　仏教の社会倫理を問う

本書は、仏教の「社会倫理」を問うものである。仏教の思想は、人びとが暮らす現実の社会とどのように関わって、展開されるべきなのであろうか。世俗の現実問題に一切関わり合うことをせず、無関心に徹する遁世主義であったり、はたまたもっぱら現世利益とりわけ金銭的利益に関心を傾注する関わり方でよいのだろうか。

倫理は、世俗の個人と個人の関係を内面的に規制する規範である。他方で倫理は、多数の個人が関与する公の領域においても問われることになる。この時、仏教は具体的な人間の公領域と、どのように関わり合うのだろうか。これが仏教の社会倫理を問う、ということの意味である。

前述してきた人間を内面的に規定する「倫理」と、他方で人間の行動を規定する「道徳」とを橋渡しするものを、私は拙著『葛藤を組織する授業――アナログな知性へのこだわり』で、「生き方」としての「認識と行動を媒介する価値意識」としてまとめた。

非戦平和、民主主義、貧困や格差の根絶といった価値を支える意識は、「○○主義」といった「イデオロギー」ではない、ということをさしあたり、ここでは確認しておきたい。

「認識と行動を媒介する価値意識」について、私はベトナム戦争下で焼身自殺を遂げた、ベトナムの僧侶たちを思い浮かべる。たとえば一九六三年六月、当時の南ベトナムの首都サイゴンで、ガソリンをかぶり、炎の中で端然と坐禅をしたまま絶命した、七三歳のティック・クアン・ドック師である。南ベトナム政府大統領であったゴ・ディエン・ディムは「人間バーベギュー」と言い放った。

ベトナム民衆の痛みは、我が身の痛み、であるという価値意識こそが、師をして「焼身供養」という行動に駆り立てたのであった。師にとって、戦争という現実社会のもとでは、民衆の「苦」の原因は、決して個人の内面に巣くう欲望とか無知といった「心」の問題ではなかったのである。

小著では、仏教の「社会倫理」を、大乗仏教の要である「自利利他円満」に焦点を当てて論じてみたいのである。大乗仏教の宗教者の端くれに身を置く私は、自らの救い（真理のめざめ）という「自利」のみに止まることはできない。他者へ思いをいたし、他者へ関わろうとする「利他」は、政治や経済に沈黙をして、静観を託つ態度とは真逆のあり方を示すことになる。

社会における仏教のあり方を「行動する『自利利他円満』の仏教」というコンセプトのもとで、整理したものが小著なのである。仏教は、心の内面に個人を閉じこめるものではない。「行動する」とは、仏法を学ぶことによって、市民の一員として、社会に参加をしていき、社会のあり方に当事者として責任をもつことを言い表わしている。

第2章

大乗仏教の興起

1　釈迦入滅から部派仏教の成立まで

前四六三年ころに、現在のネパールの釈迦族の王子として誕生したゴータマ＝シッダタは、前三八三年ころ入滅した（中村元説）。ちなみにゴータマは釈尊（正式には釈迦牟尼世尊《しゃかむにせそん》）とも呼称されるが、「真理に目覚めた者（覚者）」を意味するブッダとを合わせてゴータマ＝ブッダと記されることも多い。

ちなみに「原始仏教」とか「初期仏教」と呼ばれるのは、釈尊（ゴータマ＝ブッダ）在世の頃から、釈尊滅後百年頃までの仏教を指す。もともと釈尊の教団には、主宰者とか統制者といった者は存在していなかった。この時期、直弟子たちは釈尊が示された教法や戒律によって、問題を直接に解決していたわけである。

さて一般に開かれている「仏教史」によれば、ゴータマ＝ブッダが亡くなった直後から、教法や戒律を乱す傾向が現れてきた。そこで教団統一の必要性に迫られた長老たちによって第一回の仏典編纂会議が開かれた。第一結集《だいいちけつじゅう》という。そこでは文字による記録ではなく、口誦によって伝えられた。仏弟子たちの記憶に保持されていた教法と戒律は、「仏説」として確立されたわけである。その後教団は、伝統をそのまま保守しようとして、教団統制に専念する保守派と教法や戒律の固定化を否定する進歩派とに分裂をしていくのである。

さらにゴータマ＝ブッダ入滅後百年頃（およそ前三世紀）、長老たちによる、厳格な戒律主義の正当性を確認した第二結集が開かれた。これに異議を唱える進歩的な比丘《びく》たちは、大衆部《だいしゅぶ》という一派をたて、独立を宣言した。この大衆部に対して、従来の保守派は上座部《じょうざぶ》と呼ばれる。これを根本分裂という。

その後紀元前一世紀頃までにかけて、教団は分裂を繰り返した。これを枝末《しまつ》分裂という。ここに部派仏教の時代が到来した。これら諸部派が、一般には「小乗二十派」などと呼ばれるものである。

2　大乗仏教の起源

大乗仏教の成立の起源については諸説ある。いずれにしても部派のそれぞれの教団は、煩瑣な学問中心の集団となり、自己の解脱《げだつ》（自利）を主眼とする出家中心主義であった。これに対して紀元一世紀前後に、部派仏教の中でも、進歩的な大衆部系の比丘たちによって、在家の信者たちをも巻きこみながら、ブッダの慈悲の精神を主眼とした一切衆生《しゅじょう》の救済を理想とする宗教改革運動が興こされたのである。こうした改革運動によって、「在家を中心とした、仏教の民衆化」（丘山前掲『菩薩の願い』）が確立されたのである。

大乗仏教は以上述べたような経緯をたどって興起するのである。大乗とはマハ・ヤーナという梵語の訳で、広く民衆を救う「大きな乗り物」という意味である。彼らは、旧来の保守的な部派仏教を批判して「小乗仏教」と呼んだ。大乗の人びとは、自らのことを比丘《びく》とは言わず、菩薩と呼んだのである。ここに新しく生まれた人間像ともいえる菩薩（ボーディ・サットヴァ）とは、「悟りを求める者」という意味である。

大乗仏教は、インドからガンダーラ、中央アジア・中国・朝鮮などに伝わり、六世紀には日本にも伝来した。他方部派仏教のなかの上座部系の仏教は、スリランカを経て東南アジアに広まった。ちなみに俗称ラマ教とも呼ばれるチベット仏教は、大乗仏教と密教とが混交したものと言われている。

3　大乗仏教の柱

大乗仏教では、出家・在家を問わずに、自分自身が真理に目覚める（自利）だけではなく、同時にすべての人びとを、迷いの世界からさとりの世界へと到らしめる（利他）、自利・利他の「円満」を目標とした菩薩の教えを説く。そして前述したように大乗を担った人たちは、自らを比丘《びく》とは言わず、菩薩と呼んだのである。

「自利利他円満」とは、自利と利他のどちらも大事といった単純な結論を指すものではない。自利がなく利他だけならば、それは仏道とは言えない。逆に利他がなく、ひたすら自利のみを追い求めて、一切衆生には目もくれないのであれば、大乗仏教における「他者の発見」とは真逆の、「小乗仏教」のあり方になってしまう。したがって自利と利他の一体的成立（円満とも一如《いちにょ》とも言う）を説くのが大乗仏教なのである。

本書では、「利他」を大乗仏教の要の概念として取り扱うこととする。すなわち「利他」とは、自分自身の修行によって、自分自身が利益《りやく》を得る（真理に目覚める）という「自利」に対する語として、他者の利益にも積極的に、かつ広く関わる概念として捉えるのである。

もともと菩薩という言葉は、修行時代のゴータマ＝ブッダを意味し、「悟りを求める者」を指していた。しかし大乗仏教の菩薩は、自分自身のさとり（自利）を求めるだけではなく、「慈悲」の実践として他者の救済（利他）に励む者を広く指し、大乗仏教の理想の人間像とされたのである。つまり一切衆生という他者の幸せが得られない限り、自分の幸せはあり得ないという、他者との関係性を重視するのである。こうして大乗経典には多彩な菩薩や仏が登場することになる。
「慈悲」の「慈」とは、サンスクリット語でマイトリーと言われ、「つながり・友愛」を意味する。他方「悲」は、カルナつまり「憐れみ」を指す。慈悲とは、他者への「共感共苦」を意味すると言ってよい。こうして「利他」の行為は、他者への「共感共苦」により発揮されると言っても差し支えなかろう。

大乗仏教の特徴は大きく、以下の二点にまとめられる。第一点は、自利とともに、何よりも慈悲の実践としての利他行をめざすものであること、そして第二点目の特徴は、仏や菩薩の慈悲にあずかれば、出家在家を問わずに「誰でも救われる」、あるいは菩薩と同じように利他の行に励むならば「誰でも」「さとり（菩提）」を完成させることができる、という「強力なメッセージ」を発したことなのである。「誰でも」ということの意味は、前掲丘山氏によれば、大乗の人びとによって「在家と出家のボーダーライン」が取り払われた、ということである。大乗仏教は「在家仏教」なのである。この「誰でも」は、大乗仏教の経典では、「一切衆生」として、たくさん表現されている。

「ここに『人の痛みは自分の痛み』とする『ひとつながりの感覚』、『他者の発見』がはっきりと現れ」たのである（丘山前掲書、九三頁）。

菩薩は、衆生の苦しみが絶えない限り、「仏《ぶつ》」に成ることなく、衆生救済のはたらきにつとめるのである。こうして、たとえば未来仏として、兜率天《とそつてん》に住する弥勒菩薩が考え出されたりもした。弥勒とは、サンスクリット語のマイトレーヤを音写したものである。釈迦滅後五六億七千万年後に、この世に下り、さとりを開き、釈尊の時代に救われなかった衆生をすべて救うという未来仏である。京都太秦の広隆寺の半跏思惟像はつとに有名である。

しかし衆生救済のための実践（六波羅蜜《ろっぱらみつ》――布施・持戒・忍辱《にんにく》・精進・禅定《ぜんじょう》・智慧）をともなう利他は、ともすれば毎日の生活に追われて、自分の利害に執着してしまい、他者を顧みることなどできない一般の人びと（衆生）にとっては難行なものである。そこでそうした一切衆生に対して、諸仏・諸菩薩への信仰・信心による救済の論理が説かれ、膨大な大乗仏経典がつくられたのである。日本人にもなじみの深い、『般若経』『般若心経』『維摩経』『法華教』『華厳経』そして『仏説無量寿経』『仏説観無量寿経』『仏説阿弥陀経』の浄土三部経などがある。

ところで日本精神史を専門とする阿満利麿氏はその著『行動する仏教――法然・親鸞の教えを受けつぐ』（ちくま学芸文庫）で、仏教の利他には、「かならず『行』（修行）がある。『行』がなければ、単なる思想であり、哲学だ」（一三二頁）と述べている。

もっとも法然・親鸞の流れで言えば、その「行」とはもっぱら称名念仏（南無阿弥陀仏）という「易行《いぎょう》」なのである。毎日の生活に追われる、煩悩多き、迷える凡夫にとって、山に籠もって、滝に打たれる、あるいは断食をする、といった「難行苦行」などは不可能なのである。だから南無阿弥陀仏の念仏を称えるだけでよいということは、阿満氏が指摘するように、自らの肉体に苦行を課すという、世間に行き渡っている常識的な意味での「行」とは異なる。

第3章

日本人にとっての利他行

1　捨身飼虎とジャータカ（本生譚）

日本人が利他主義と聞いて、ただちに思い浮かべるイメージはどのようなものなのだろうか。「利他」とは文字通り、「他」という他者（人間とは限らない）のために「福徳」「功徳」をなす、ということである。このように言われると、義務感とか重い負担感とかを感じられる方も多いのではなかろうか。だから多くの日本人は、利他主義などと聞くと腰が引けてしまう。では現代人が感ずる利他主義は、なぜ重い負担感と結びつくのか、まずその論理を探ってみたい。

奈良の法隆寺が所蔵する国宝に「玉虫厨子」がある。その須弥壇に「捨身飼虎《しゃしんしこ》」という図像が描かれている。通説ではゴータマ＝ブッダの前世を語る物語とされている「ジャータカ」（本生譚《ほんじょうたん》）のひとつである。一人の若い王子が衣服を脱ぎ、崖から飛び降りて、崖下の飢えた虎に自らの身体を食わせるというものである。崖の上、空中落下、食いちぎられる肉体という三場面が同時に描かれている。

ここでジャータカが表象する理念は、他者を救済するために、我が命をその他者のために投げ出して、犠牲になるという「捨身」なのである。捨身とは、「自己犠牲」のことと捉えておく。

このような凄惨な自己犠牲的な物語に出遇うと、多くの人は、自分の肉体とか命までをも犠牲にする利他行など、自分のことで精一杯なのに、とても無理だし、そもそも利他など頭に浮かびすらもしない、と感じてしまう。もっとも、こうした凄惨な自己犠牲の捨身物語は、仏教では、宗派を問わず、伝承として、言い伝えられている場合が多いのである。

たとえば浄土真宗本願寺派の中興の祖とされている第八代蓮如《れんにょ》にまつわる伝承に「腹ごもりの聖教《しょうぎょう》」がある（『本願寺新報』二〇二〇年五月二〇日号）。文明六（一四七四）年三月二八日、蓮如が伝道の拠点としていた越前・吉崎（現福井県あわら市）の坊舎に付属する、参詣者用の宿泊施設である「多屋《たや》」から、火が出たのである。蓮如は、親鸞の主著『教行信証《きょうぎょうしんしょう》』（正式名は顕浄土真実教行証文類《けんじょうどしんじつきょうぎょうしょうもんるい》）の中の証巻《しょうかん》を机の上に置いたまま避難したことに気がついた。そのことを知った本光坊了顕《ほんこうぼうりょうけん》は、燃えさかる炎の中に飛び込んでいった。既にあたりは炎の海であった。もはや聖教を手に戻れないことを覚った了顕は、持っていた短刀で腹を十文字にかき切って、腹の中にその聖教をおさめると、傷口をしっかりと手で押さえて絶命した。

翌日了顕の死体から、血塗られた聖教が取り出された。蓮如は「一命を捨ててまで…。惜しい命を落とさせてしまった。本光坊や、許せ」と、聖教をおしいただき念仏を称えた。人々も泣き泣き念仏を称えた、というのである。

こうした捨身の物語に出遇えば、その犠牲的行為に涙することはあっても、他者のために痛い思いなどしたくない、と思われる向きも本音として当然出てこよう。もっともこの問題は飛躍するようだが、たとえば臓器移植において突きつけられることになる。自分はドナーになるか、ならないか、レシピエントとして他者の臓器を受容するか、しないかの生命倫理の課題なのである。それは自分自身と家族に関わる問題なのか、それとも全くの見ず知らずの人との間で想定される問題なのかをめぐって、班討論の中で頭を悩ます高校生の姿が思い浮かぶ。

いずれにしても利他主義と聞くと、腰が引いてしまい、違和感を感じてしまう理由のひとつは、利他行というと、自分の生命を犠牲にしてまでも、他者を救うことを優先させるというイメージにあるようだ。

2　市場原理主義と利他主義

人びとが、利他主義へ違和感を感じてしまう別の理由を取り上げてみる。私はこちらの方が、より本質的であるように思われるのである。

（1）「善因善果・悪因悪果」論の危うさ

日本人の好きな処世訓とでも言ってよいものに、「善因善果・悪因悪果」論がある。道徳的に良い行いは、その人に良い結果をもたらし、悪い行いは悪い結果をもたらす、というものである。世俗道徳的には、良い行いの最たるものが「利他」の行いなのである。もっともその「世俗」的解釈といえばせいぜい、朝電車の中で高齢者に席を譲った、つまり「利他」したので、そのおかげで、競馬のＧ１で大穴を当てた、といった類いに大方は落ち着いてしまう。

岡田斗司夫・内田樹氏の『評価と贈与の経済学』（徳間書店）によれば、どうも現代の日本人は「努力と報酬の相関関係が可視化され」ることに重い価値を見いだしているようなのである（四一頁）。自分は疲れているのに、「努力」して、わざわざ席を譲ったのだ。つまりこれだけ努力した（「善因」）のだから、「果」（報酬）は、より多くの「善果」つまり「見返り」が実現されなければ「等価」ではない、というわけである。

「善因善果悪因悪果」をめぐるこうした捉え方は、まさに現代の「成果主義」に通じるものがある。投下された費用（努力）に対して、最大利益を生じさせなければ、少ない評価しか得られないのである。こうした経済体制下では、雇用されている労働者にとっては、何らかの報酬という形で、自分が「正当」に評価されることのないような無償の利他的行為などナンセンスなのである。

しかしながら、そもそも宗教の価値とは、努力に見合う報酬という形では数値化され得ないものなのである。念仏を一万回称えたから、競馬で大穴を当てたという「福徳」がもたらされ、多忙に紛れて、一〇回しか称えなかったので、交通事故に遭った、などというレトリックは成り立たないのである。

しかも、世の中を見渡せば、いくら「努力」したって、それに見合うだけの報酬を得ることのできない人たちは、今日の新自由主義と呼ばれる体制の下では、その数は膨大である。仏教でいう「因・縁《ねん》・果」の関係とは、損か得かといった功利主義的な生活態度を成り立たせるものではないのである。

「因・縁・果」とは、人と人との直接的な関係はもちろんのこと、過去・現在・未来にもおよぶあらゆる無数の関係性を言い表しているのである。人は利他したり、利他されたりしながら、その関係が時に因（原因）となり、時に果（結果）となって、相互に関係し合って、縁を結んでいくのである。人は、自分一人の「努力」だけでは、生きていけないからである。

（2）「等価交換モデル」の人間関係

特定の宗派に限らず、お寺に多額の「布施」をしたのに、「満足のいくお礼の見返りがなされなかった」と不満を述べる檀家が見受けられる場合があるそうである。しかし仏教で言えば、むしろお礼を言わなければならないのは、布施をしたご当人なのである。

大乗の菩薩が修する「六波羅蜜《ろっぱらみっ》」のひとつである「布施」をいささかの損得勘定の念もなく、穏やかな気持ちで、させていただいたことが「善因善果」なのである。仏（あるいは僧）の前で手を合わせて感謝すべきは、布施をさせていただいた当人なのである。本来仏教ではそのように考える。

さて利他主義に対する日本人の想いを、前述してきた日常的なレベルから、さらに敷衍化して、まとめてみよう。現代の日本人が利他主義に重い負担感、いやそれ以上に違和感を感じてしまうのは、前掲岡田・内田氏の説を援用させてもらうならば、人間関係を市場原理主義に基づく「等価交換モデル」（前掲書、一六四頁）で推し量ろうとしているからなのである。つまり「一〇〇〇円分のサービスを君にしてあげたのだから、それに見合った同等のサービス（報酬）を返して欲しい」などと考えている人には、無償の利他などは理解できない。

言い換えるならば、人間関係を商品と貨幣の交換を建前とする資本主義の等価交換モデルで理解している人にとっては、「努力」に相応した「報酬」という対価（成果）あるいは剰余が見込まれない無報酬の利他主義などはナンセンスで、重い義務感か負担感しか感じないというのである。ここでは商品と富との違いや、そもそも商品とは何か、といった経済学の論理は問わない。

さらに言えば、先に述べた「成果主義」とか、今日巷でかまびすしい「自己責任論」などは、市場原理主義（新自由主義）に基づく典型的な言説である。市場原理主義に基づけば、経済的な困窮者あるいは社会的弱者などと呼ばれている人たちは、「努力」を怠ってきたのであって、その責任は本人にある。だから福祉政策を重くみる「大きな政府」などは、悪しき「利他」の極みであって、ナンセンスなのである。

こうして見てくると欲望の最大化をひたすら追求する市場原理主義（利己主義）と他者を思いやる「利他主義」とは論理的には「両立」不可能なはずなのである。しかし世俗では、市場原理主義の「利己主義」と「利他主義」とおぼしき価値が、国策として結びつけられているのである。具体的にはたとえば学校現場における道徳教育（実際は徳目教育）として推進、実践されているのである。詳しくは第9章で論ずることになる。

国際的な規模での競争に打ち勝って、グローバル企業の利潤を最大化させる、という今日の市場原理主義あるいは新自由主義下に在る学校現場では、生徒に以下のような道徳価値（徳目）が示されるのである。

「他人に迷惑をかけるな」とか、「社会連帯の自覚」「社会正義」「公共の精神」「公正、公平」等々（中学校学習指導要領「特別の教科　道徳」の「内容」）である。そして同時に「我が国を愛する」「態度を養う」（二〇〇六年改訂「教育基本法」）といった徳目の注入が強力に推し進められているのである。つまり利己主義を最大化させるという意味での新自由主義と、「愛国心」に象徴される新保守主義（国家主義）とが手を携えながら現象しているのである。どういうことなのか。

ここで確認をしておこう。グローバルに活動を展開している多国籍企業ではあるけれども、実はアメリカとか日本といった本籍地は存在しているのである。要するに熾烈な企業の利潤獲得競争と人間の欲望の最大化によって引き起こされるであろう秩序の不安定化（たとえば膨大な雇用の非正規化や格差の拡大）を、「国民」としての「一体感」意識に誘導する「道徳教育」によって繕うことで、より安定的に目先の利潤獲得を達成させようということなのである。あるいは経済の低迷にともなう秩序の不安定化を、ナショナリズムを煽ることで、人びとの関心を外に向けさせている、ともいえよう。

つまり「社会連帯の自覚」といったような「利他」的とおぼしき道徳的価値が、その実、目先の利潤獲得を安定的に遂行するための手段化とされているといってもよい。こうして最終的には「他人に迷惑をかけるな」とか「公共の精神」を強調する道徳教育は、「日本の国」という全体あってこその個人だといった価値観を刷り込むものとして機能していくのである。

第4章

宮沢賢治と自己犠牲の精神

本書では、大乗仏教の要を、出家をしていないという意味で在家主義と「自利利他円満」に求めるものである。もっとも在家主義といっても、僧侶たちは世俗で糧を得て、生活をしているので、より現実的には在俗主義と言い表した方が適当かもしれない。いずれにしても自分の「さとり」（自利）のみを追求するのではなく、他者を「発見」して、他者と関わる大乗仏教にとって、利他主義は要となる概念なのである。

以下では、つとに指摘される宮沢賢治の作品にみられる自己犠牲精神を俎上に載せながら、大乗仏教の利他主義と自己犠牲精神との関係を探ってみることとする。具体的には、大乗の利他主義を、先に紹介をした「捨身飼虎」のような、凄惨で、「血の匂い」を漂わす自己犠牲（捨身）主義と同一のものとして、ひとくくりにして良いのか、ということなのである。

1　なぜ宮沢賢治なのか

宮沢賢治はその作品に触れる読者の数と同じくらいの、解釈や評価が可能である。つまり無数の切り口が可能なのである。それに補助線を加えたならば、及びもつかない解釈の数に達するであろう。一つに定まらない解釈がさらにあらたなる謎を生むといった流れが、熱狂的な賢治ファンを、今日に至るまで生み出し続けているようだ。私は、そうした作品群を生み出した賢治の生き方を探る上で、以下の三つの論点を設定した。

（1）『法華経』に帰依した賢治

宮沢賢治に注目をする第一の理由は、賢治が浄土真宗ではなく、「法華教」に帰依したことである。

賢治は『法華経』信仰の熱烈な信徒であった。一九一四年盛岡中学校を卒業した賢治は、その年島地大等《しまじだいとう》編『漢和対照妙法連華経』を読んでいたく感動し、その『法華経』信仰は生涯変わらなかった。ちなみに島事大等は、日本の近代仏教史に名を残している浄土真宗本願寺派の学僧島地黙雷《しまじもくらい》（一八三八～一九一一）の養子である。

賢治の実家の家業は古着屋、質屋として財を成し、宮沢家は花巻の名士であった。ちなみに母親イチの実家は、花巻温泉の開発や岩手軽便鉄道の設立に関係した大資産家であった。父政次郎《まさじろう》は篤信の浄土真宗の門徒であった。賢治が『法華経』の教えに帰依した理由を、父親あるいは家業への感情的な反発に求めることは、これまでも多くの研究者によって指摘されているところである。たとえば困窮を極めた農民に、ものを売りつけたり、利子（質草）を取って金を貸すという家業への反発である。さらに自分の進路にさえも介入してくる、家父長的な父親への反発も考えられる。

ただ私は、賢治を惹きつけた『法華経』に内在する論理を探りたいのである。賢治は、彼を取りまく一族が帰依していた浄土真宗を忌避したのである。逆に言えば私は、賢治をして忌避せしめた、浄土真宗に内在する論理はなんであったのかを知りたいのである。

賢治の豊穣な宗教心については、すでにその芽生えが三歳の頃より、浄土真宗の経典『正信偈《しょうしんげ》』をそらんじていたというエピソード（宮沢清六編「年譜」、『宮沢賢治』ちくま日本文学〇〇三）からも、うかがい知ることができる。賢治の宗教心について、私たちは賢治を取りまく宮沢家の家庭環境にも注目をしておく必要があろう。たとえば賢治の他者への温かいまなざしを育んだ背景には、慈悲に満ちた、母親イチの存在も大事である。イチは賢治が幼少の頃から、「ひとというものは、ひとのために何かしてあげるために生まれてきたのス」（山下聖実『集中講義　宮沢賢治』ＮＨＫ出版、一二三頁）と言い続けていたのである。

(2) 賢治と国柱会

① 「我日本の柱とならん」

賢治に注目する理由の二点目は、賢治が国柱会という団体に参加したことである。

賢治はなぜ国柱会という「国家主義」団体に加入（一九二〇年一一月）したのか。国柱会は田中智学（一八六一～一九三九）によって創立された、「日蓮主義」に基づく在家の仏教運動団体にして、政治的には国家主義団体である。その影響は血盟団事件の首謀者井上日召にも及ぶ。

智学自身は、日蓮宗で得度をしたが、その「堕落」に怒り、宗門を離れ（還俗《げんぞく》）ている。国柱会は、日蓮宗の宗門改革を目指した蓮華会に始まり（一八八〇年）、立正安国会（一八八四年）を経て、一九一四年に国柱会と改称される。

国柱会という名称は、日蓮の『開目抄《かいもくしょう》』の「三大誓願」の一つである「我日本の柱とならん」に由来する。「我」と「日本」と「ならん」という選択的決意が結びつくことに注目をしたい。「法華経の行者」は国家の隆盛を「主体的」に祈願すると解釈された日蓮の論理が、国家主義的な存在意義を標榜する会の組織原理には好都合だったのである。

ちなみに、同じ日蓮主義を掲げながらも、「新興仏教青年同盟」（一九三一年結成）のリーダーであった妹尾義郎《せのおぎろう》（一八八九～一九六二）は、反ファシズム、搾取なき共同社会の実現などの社会主義的な仏教社会運動を担った。

②八紘一宇

アジア・太平洋戦争期に国家政策の基軸に据えられたのが「八紘一宇《はっこういちう》」であった。『日本書紀』に記された「八紘《あめのした》を掩《おお》いて宇《いえ》と為《せ》ん」との神武天皇の詔に由来するものである。「八紘一宇」は、一九四〇年七月第二次近衛内閣で閣議決定された「基本国策要綱」のなかで使用され、以後「大東亜共栄圏」思想を正当化する要の用語となった。

智学は「仏法即国体」という理論的枠組みの根拠を記紀神話に求め、「天照大神」と「仏」の一体化を強引に導出したのである。「八紘一宇」は田中智学によって「オリジナルな概念」として作り出されたものである（中島岳志『超国家主義――煩悶する青年とナショナリズム』筑摩書房、六〇頁）。つまり智学は、「国体」の名の下で、国家そして天皇を信仰の対象とする国家神道の定着化を意図していたのである。

そもそも賢治は、智学が説く、法華経「如来神力品《にょらいしんりきぼん》」に登場する菩薩のうち、「上行菩薩《じょうぎょう》」たる天皇が、「八紘一宇」という「理想郷」である世界統一を主導する、などという侵略戦争――植民地主義構想に賛同していたのだろうか。「上行」とは「卓越した善行をなすもの」という意味である（植木雅俊訳・解説『サンスクリット版縮訳　法華経』角川ソフィア文庫、三二五頁）。

同じく国柱会の所属メンバーであり関東軍の高級参謀であった石原莞爾は、八紘一宇の思想を実現すべく、一九三一年九月一八日の柳条湖事件を発端とした満州事変を引き起こした。一九三二年には、「王道楽土」「五族協和」の名の下に、満州国の「建国」を実現させた。同年には五・一五事件が勃発して、世情は闇におおわれていくのである。

賢治は一九三三年に三七歳でこの世を去ったが、その三年後の一九三六年には二・二六事件が起こった。もし賢治が存命していたならば、彼は事件にどのように関わったのだろうか。そして同時代の歴史に対して、どのように関わっていたのだろうか。

（３）賢治作品とジャータカ（本生譚）

賢治に注目をする三点目の理由は、賢治の作品に表象されているジャータカ（本生譚）と自己犠牲の関係を読み取りたいのである。

そもそも仏教の開祖釈尊は、身体を痛めつける凄惨な苦行を捨て去ることで、成道《じょうどう》（さとり）を果たしたのではなかったのか（中道《ちゅうどう》）。そうすると捨身の自己犠牲の精神を称揚するジャータカ（本生譚）発生の経緯と自己犠牲精神の受容の経緯とはいかなるものなのだろうか。

賢治もジャータカの物語に触れることで、その自己犠牲的精神の影響を受けていることは確かなのである。

大乗仏教とジャータカ（本生譚）との関係を、君野隆久氏は『捨身の仏教――日本における菩薩本生譚』（角川選書）で、以下のように説明している。

大乗仏教の「自利利他の思想が、釈迦が仏陀となるまでの『成仏の因』である無数の前生という観念と配合されたとき、『菩薩の物語としてのジャータカ』、すなわち大乗的本生譚が誕生した。そしてそれはしばしば利他を強調する菩薩行の究極としての捨身の行為を物語の内容としてもつものであった」（前掲書、一七頁）。その成立は紀元二世紀前後か。

ただし紀元前に成立したとされるジャータカの原初的形態は、「世俗的な道徳倫理を主な目的として作成・享受されていった」ようである。つまり「非常な悲壮性」を帯びていなかったジャータカが、「捨身」という「血の匂い」のするジャータカに変容していった歴史的な背景には、「遊牧民族の文化・風習の影響」があることを、君野氏は他所からの引用をもとにして紹介をしている（前掲書、二〇～二四頁）。

他方で君野氏が指摘している点で重要だと思われるところを指摘しておく。捨身の菩薩たちを主人公としたジャータカが北インドで発生した理由、さらにそれが日本を含む東方へ展開していった経緯は「仏教の教義的な発展からは説明しきれない」（前掲書、二〇頁）と述べているのである。

仏教的教義からは説明できないとすれば、「非常な悲壮性」を帯びたジャータカへの変容はどのように説明できるのか。君野氏は前述した「遊牧民族の文化・風習の影響」とともに、フロイトを持ち出して説明している。「苦行の極限のような捨身の菩薩行は、自己犠牲とは言いながら、表象だけをとってみればほとんど自己への攻撃欲動＝タナトスそのものの表現といってもおかしくない」（君野前掲書、二九頁）。つまり菩薩たちの「血の匂い」のする捨身の物語には、「仏教が縁を切ったはずの、あるいは抑圧したはずの『死への欲動』の噴出と回帰とが見て取れる」（君野前掲書、三一頁）というのである。

賢治は、ジャータカに見られる捨身という自己犠牲精神を、どのように受け入れたのだろうか。賢治作品には、自己犠牲精神に基づく者たちが登場していることは大方が認めるところである。

ここで問題である。大乗仏教の要たる「利他」と賢治の作品が孕む自己犠牲とを同列に語って良いのだろうか。それについて次節で述べてみたい。

2　賢治作品の自己犠牲精神

(1)「よだかの星」

大乗仏教が目指す利他主義とは、先に紹介をした「捨身飼虎」のような自己犠牲的な、それも凄惨な捨身行為として、同列化してよいものなのだろうか。本節で考えようとする問題意識である。

先にも少し触れておいたが、宮沢賢治の作品には、自己犠牲をモチーフにしたものが多い、とされている。山下聖美氏は前掲書『集中講義　宮沢賢治』で、「自己犠牲の精神――『よだかの星』」という一項を設けている（一一九頁）。「よだかの星」は、一般にもよく読まれている物語である（以下原文からの引用は、『宮沢賢治』ちくま日本文学〇〇三による）。

「顔は、ところどころ、味噌をつけたようにまだらで、くちばしは、ひらたくて、耳までさけ」た顔をして、「足は、まるでよぼよぼで、一間とも歩け」ないのが「よだか」である。「みんなにいやがられ」、「鳥の仲間のつらよごし」とまでさげすまされている。しかしみんなにいじめられ、軽蔑されるということでは「被害者」であるよだかも、他方では「加害者」なのだ。小さい虫という「他の命を食べて苦しみを与える自分もいる。自分だって加害者なのだ」（山下前掲書、一二二頁）。

ここでよだかはある決意をする。自分に殺されるたくさんの羽虫のことを想うと「つらい、つらい」。「僕はもう虫をたべないで餓えて死のう」。「お日さん、お日さん。どうぞ私をあなたの所に連れてって下さい。灼けて死んでもかまいません」。この場面では、確かに「よだか」は、他者のために、焼身という自己犠牲的な捨身を希求しているようなのである。羽虫という自分より弱き他者を救うために、焼け死んでもかまわない、と言っているのである。

この「焼身」が、賢治が『法華経』「薬王菩薩本事品《やくおうぼさつほんじぼん》（第二十三）」の「一切衆生喜見菩薩《いっさいしゅじょうきけんぼさつ》の焼身供養」（植木雅俊前掲『サンスクリット版縮約　法華経』）に範をとっていることは間違いない。

「その菩薩は、その世尊のもとで困難な修行（苦行）に専念し、一万二千年の間、精神を統一し、〝あらゆる姿を顕現すること〟（現一切色身《げんいっさいしきしん》）という三昧《さんまい》を得た。その時、その菩薩は歓喜して、『この〝白蓮華《びゃくれんげ》のような最も勝れた正しい教え（法華経――服部）〟のおかげで、私はこの三昧を得た。だから私は、この世尊と〝白蓮華のような最も勝れた正しい教え〟に供養しよう』と考え」（植木前掲書、三四四頁）て、その菩薩は諸々の香を飲み、香油を身体に塗って、自らを燃やしたのである。

しかし「よだか」は、自分がただただ「遠くの遠くの空の向うにいってしま」いたいのである。つまり鳥の世界とは別の世界である「理想へ強い信念」（山下前掲書、一二三頁）を表明しているのである。そして空中高く舞い上がり、上へ上へと上昇し続けて、よだかは最後を迎える。

(2) 自力救済への絶望

自分の死を賭してまでも、空の彼方の理想に向けて、昇り続ける「よだか」は自己犠牲の精神を発揮したことになるのだろうか。これまでに触れたジャータカ（本生譚）の自己犠牲精神とは、「捨身飼虎」のように、菩薩が、誰か他者の生存のために、自らの命を犠牲にすることで、自らは「仏《ぶつ》」へと転生していくことを指していたはずである。あるいは他者をして、真理に目覚めさせるための「捨身」であった。しかし「よだか」は、「星」になったのかも知れないが、真理に目覚めて、さとりを開いた「仏」には転生していないのである。

つまりジャータカ（本生譚）本来の自己犠牲の精神あるいは大乗仏教でいうところの利他主義とは、「よだか」の最後のように、自分自身のために新たな世界を追求して、自分がその新たな世界に転生するために、今の自分自身が死ぬことではない。

「東の白いお星様、どうか私をあなたの所へ連れてって下さい。やけて死んでもかまいません」と懇願した「よだか」に、返ってきた言葉は「いいや、とてもとても、話にも何にもならん。星になるには、それ相応の身分でなくちゃいかん。またよほど金もいるのだ」というものだった。

「理想に立ちはだかる壁」（山下前掲書）を前にして、「よだか」は自力での救済に絶望したのである。たとえ理想を求めての行動が死を賭したものであったとしても、自らの絶望を起因としている限り、それは誰か他者のための自己犠牲的な「捨身」とは言えないのではなかろうか。

ここで君野隆氏は、私が今指摘をした絶望と、先に紹介をしておいたフロイトの「死への欲動――タナトス」を結びつけて、「よだか」の最後を分析しているのである。

「要するに炎によって自己存在を消滅させたいとする『死への欲動（タナトス）』こそが賢治がもとから抱え込んでいたものであり、むしろそれが自己犠牲や菩薩の理念を呼び込んだ」（君野前掲書、二一一頁）いうのだ。つまり君野氏は、見田宗介『宮沢賢治　存在の祭りの中へ』

（岩波現代文庫）を紹介する中で、賢治にとっては、「タナトス」が先にあって（先験的に存在し）、菩薩の利他の観念や物語は「あとからつけ加えられた」後付けであると述べている（前掲書、二二一頁）。

君野氏がフロイトを登場させて、その普遍性を説くことの有効性はともかくも、「死への欲動」といったものが、賢治にも見て取れることは確かであろう。先に「よだかの星」の最後について述べたように、「よだか」の死が、大乗仏教の利他主義による自己犠牲精神に基づくものではないとするならば、「よだか」の最後は、「死への欲動」だったという解釈も成り立つのである。

賢治自身の「死への欲動」は、とくに一九二二年一一月、賢治二六歳の時、妹のトシが二五歳で早世して衝撃を受けてからは、強くなったのではないだろうか。さらに賢治自身の結核への恐怖と「身体的『清浄』への希求」（君野前掲書、二二三頁）が底流に存在していたのかもしれない。

「よだかの星」の最後を「死への欲動（タナトス）」に求めていくと、「よだかの星」における「捨身」は、「捨身飼虎」にみられる本来のジャータカ（本生譚）からの影響を見てとることはできなくなる（君野前掲書、二二四頁）。

そもそもジャータカ（本生譚）は、ブッダの前世の菩薩時代の物語であったはずである。つまり菩薩は、いつかは如来（仏）へと転生していくことをめざすのだ。しかし「よだか」には、輝き続ける星になったとしても、仏には転生していない。もっとも「輝き続ける星」を仏に見立てるという解釈も成り立ちうるかもしれない。しかしそれは、仏教でいうところの「仏（ぶつ）」とは違う。「仏」とは、我が身の絶望に止まることのない、真実・真理に目覚めた者（ブッダ）なのだからである。

さらにジャータカ（本生譚）には、一切衆生のために捨身する利他的な動機を宣揚する大乗仏教的な菩薩の誓願が含意されていたはずである。自己の救済に限定された「死への欲動」では、たとえ捨身という行為が描かれていたとしても、大乗仏教的な利他主義を説明しきったことにはならないのである。

(3) 自己犠牲精神の多様な諸相

他者を生かすための捨身の自己犠牲精神を含んだ賢治の作品といえば、「グスコーブドリの伝記」の主人公「ブドリ」の行動の方が、「よだかの星」に比べればずっと分かりやすい。冷害の被害から農民を救うために、「捨身」して火山を爆発させ、気候を落ち着かせるというものである。

ブドリは「よだか」の最後のように、自己嫌悪の果ての自死によって、自己完結はしていない。自然災害に苦しめられる農民への慈悲すなわち「共感共苦」による、彼らへの一体感で満ちあふれている．我が身を捨身して、山を爆発させるべくカルボナード火山に赴くブドリの最後の言葉は印象的である。

私のようなものは、これからたくさんできます。私よりもっとなんでもできる人が、私よりもっと立派にもっと美しく、仕事をしたり笑ったりして行くのですから。

（『宮沢賢治』ちくま日本文学〇〇三、四〇六頁）

ブドリの自己犠牲の精神は、彼が「クーボー大博士」やイーハトーブ火山局の「ペンネン技師」との出会いで学んだ科学的な知識とともに、次世代へパスワークされていく希望を含んだものと言えよう。したがってブドリの自己犠牲には、「血の匂い」を漂わす凄惨なイメージとは結びつかない。

ブドリの「学び」による生き方の質的な転換を「自利」とするならば、それと彼の自己犠牲精神（利他）とは、「よだか」とは明確に異なり、両者は切り離すことのできない一体的な構造として成立（円満）しているのである。ブドリの最後はまさに「自利利他円満」を言い表しているとも言える。

賢治作品の自己犠牲精神の発露といえば、「銀河鉄道の夜」の「蠍《さそり》の火」のエピソードも思い浮かぶ。いたちに追いかけられて、井戸に落ちてしまい、溺れるなかでの蠍《さそり》の独白。「ああ、わたしはいままでいくつのものの命をとったかわからない。そしてその私がこんどいたちにとられようとしたときはあんなに一生けんめいにげた。それでもとうとうこんなになってしまった。ああなんにもあてにならない。どうしてわたしはわたしのからだをだまっていたちに呉れてやらなかった（のだ——服部）ろう。そしたらいたちも一日生きのびたろうに。どうか神さま（略）この次にはまことのみんなの幸いのために私のからだをおつかいください」と言って、自分の体を真っ赤に燃やして「よるのやみを照らし」続ける蠍であった（「銀河鉄道の夜」（初期形第三次稿）、宮沢賢治『ポラーノの広場』新潮文庫所収、三六七〜三六八頁）。

そして「銀河鉄道の夜」の主人公ジョバンニの言葉も、自己犠牲の精神を発揮したものとしては印象的である。

カムパネラ、また僕たちは二人きりになったねえ。どこまでもどこまでも一緒に行こう。僕はもうあのさそりのようにほんとうにみんなの幸のためならぼくのからだなんか百ぺん灼《や》いてもかまわない。

（前掲書、三七三頁）

ところで君野隆久氏は「『蠍の火』のエピソード」は、「賢治が創作をした菩薩本生譚」（君野前掲書、二一七頁）としている。君野氏によれば、本来「菩薩本生譚」とは、「ジャータカの中でも、菩薩がふみおこなうべき徳目のために身体を犠牲にする――『捨身』する――主人公が登場するもの」（君野前掲書、六頁）を指す。賢治は、自分が創作した本生譚を取り入れながら、天才的かつ豊穣な感性で作品構成を進めていったのである。

実はこれまで挙げた作品において見てとれることは、自己犠牲の精神といっても、賢治作品ではその表現は一様ではないのである。「よだか」の最後のように、自己嫌悪の自死につながるものや、ブドリのような未来への希望を思い起こさせるようなものまで、自己犠牲の精神といっても、多様な実相を示しているのである。

ということは賢治は、捨身を取り込んだ「菩薩本生譚」を豊かな感性で創作したけれども、私の問題意識とは異なり、大乗仏教の菩薩の利他主義と、「血の匂い」が漂う、捨身の自己犠牲主義とが同じものなのかどうか、といったところに関心はなかったのだと思う。第6章で詳しく述べるが、大乗仏教の菩薩の利他主義は、凄惨な、「血の匂い」を漂わす捨身の自己犠牲主義ではないことをあらかじめ記しておこう。

（4）賢治作品の菩薩たち

賢治の「菩薩本生譚」の創作といえば、「二十六夜」が挙げられる（引用は前掲「ちくま日本文学」〇〇三）。「梟《ふくろう》の坊さん」が、梟の宿業について、衆生の梟たちに向けて滔滔と説教を施す中で、元、雀の「捨身菩薩」である「疾翔大力」（施身大菩薩）を創作し、物語に登場させている。

さらに賢治は『法華経』の「品（章）」を踏まえて、その説法の原典たる経を「梟鵄守護章《きょうししゅごしょう》」とか「梟鵄救護章《きょうしくごしょう》」と名付けて、創作している。そして人間に足を折られて死間近の梟の少年「穂吉」の枕辺に、「金色の立派な人が三人まっすぐに立っています。（略）右と左に少し丈の低い立派な人が合掌して立っていました」とも叙述している。この場面は、勢至菩薩と観音菩薩を脇侍とする阿弥陀如来が、死者を迎えに来る来迎図そのものである。

つまり「二十六夜」は『法華経』ばかりではなく、浄土教の救済理念をもふんだんにちりばめた、仏教の一大法義なのである。

賢治によって創作された「菩薩本生譚」といえば、「雨ニモマケズ」（天沢退二郎編『新編　宮沢賢治詩集』新潮文庫所収）の「デクノボー」は、『法華経』「常不軽菩薩品《じょうふきょうぼさつほん》」（第二十一）の「常不軽菩薩」を彷彿とさせる。

常不軽菩薩の名前の由来について、『法華経』は次のように説く。どんなに馬鹿にされても、無視されようとも、その菩薩は、男女を問わず、かつ出家者であろうと在家信者であろうと、出会う人には、誰にでも近づいて告げた。「尊者方よ、私は、あなたがたを軽んじません。あなたがたは、軽んじられることはありません。理由は何か？あなたがたは、すべて菩薩としての修行を行ないなさい。あなたがたは、正しく完全に覚った尊敬されるべき如来になるのでありますす」（植木雅俊前掲書、三一〇頁）。この菩薩は人びと（他者）に対して「常に私はあなたを軽んじない」と語りかけるのである。

大乗仏教の菩薩は、「小乗」の行者のように、一人で覚って、自己完結しては生きていけないのである。末木文美士氏は『仏典を読む――死から始まる仏教史』（新潮社）で次のように述べている。従来の解釈によれば「菩薩とは将来仏になる修行段階にある。それは時間的に言えば未来のことに属する」。しかし菩薩の本領とは、「その根本は、他者と関わる存在」ということなのである。「別の言い方をすれば、自己の存立の根底に他者が必然的に埋め込まれているということである」（六六頁）。このように考えれば、賢治の「世界ぜんたいが幸福にならないうちは個人の幸福はあり得ない」（「農民芸術概論綱要」）の一節は、「他者の発見」という意味ではよく理解できるのである。

ところでジャータカの物語は、日本の中・近世の説話集そして寺や遊行僧などによる絵解き説法（紙芝居）によって、さまざまに変容をしながら、民衆にも広がっていったのだろう。庶民にとっては、善悪二元論の道徳訓として表象され、日常語で語りかけられる方が、難しい仏教の教義を講釈されるよりも印象深く、皮膚感覚で心に留め置かれたことだろう。人びとは、見知らぬ他者のために我が身を犠牲にする捨身こそ善行功徳である、と心に焼き付けたと思う。

賢治も、世俗道徳的に世間に流布していたジャータカ（本生譚）の捨身という自己犠牲的精神に、ごく日常的に接していたことは十分うかがい知れる。先に述べた母親をはじめ家族の環境からの影響もあった。

だから君野隆久氏は、「賢治の作品、のみならずその生涯に底流する『自己犠牲』について」、もっぱら本生譚（ジャータカ）との関わりでのみ説明することは難しいと言っている。なぜなら「賢治が仏典や説話を作品に昇華させる手際が多端にわたり、まさに融通無碍《ゆうずうむげ》といってよいものがあるからである」（君野前掲書、一七六頁）。

以上述べてきたように、天才的な創作者であった賢治の作品に、本来のジャータカとの文献学的な関わりを見いだすことは、ジャータカの「もとの話の輪郭と賢治の想像力の境界とが融《と》けあって見通せない」（前掲書、一七六頁）のである。つまり賢治と自己犠牲そしてジャータカとを結びつけるものは、大乗仏教の要である利他主義から厳密に導き出されたものではないのである。賢治は、庶民の日常生活で耳目に触れていた説話集や地獄絵あるいは「九相図」といった作品群を基にしながら、ジャータカを創作して、物語の構想を得ていたのである。

中近世の日本人のみならず現代人にとっても、いつか人はその寿命を終えなくてはならないことを、頭では理解している。しかし、いざ自分や親しい人の死に臨んでみると、あれこれの煩悩に悩まされるものである。ましてや死の世界については分からないが故に、あれこれの仏教の儀式に依ったり、中近世の人たちでいえば、地獄絵による絵解きを通して、後生《ごしよう》の幸い（大事）を願ったりもしたのである。

人びとが「死」に思いをいたすために、衆生向けに凄惨な地獄絵が用いられたりもした。さらに「九相図《くそうず》」とよばれる「死の絵画」も、人びとの死生観に大きな影響を及ぼしたものと思われる。まさにラテン語のアフォリズム（警句）である「メメント・モリ」（死を想え）である。「九相図」とは「死体が腐敗し白骨となるまでを九つの相で表」したものである（山本聡美『九相図をよむ――朽ちてゆく死体の美術史』角川選書、「序」）。「小野小町」のように生前は「絶世の美人」の肉体が、「黒ずみ、膨張し、腐乱し、犬や烏《からす》が貪《むさぼ》り喰《く》」（前掲書、四頁）う、そのようなリアルな画面に出くわせば、ひとはそのおぞましさに身震いをして、むなしさに陥ることだろう。

賢治は「命のあやうさへの戸惑いや畏れ」（山本前掲書、六頁）、あるいは「他者の死に目を開くことによって、（略）死とは何か、肉体とは何かという、人間が人間として生きているうえで不可欠な思想」（山本前掲書、二四六頁）を獲得していったのであろう。

3　自律心を欠いた自己犠牲精神と利他主義の危うさ

(1)「よだか」の最後は利他主義か

仏教徒にして、『法華経』に深く帰依していた宮沢賢治は、これまで述べてきた自己犠牲の精神をどのように捉えていたのだろうか。自己犠牲の精神を、賢治作品に特有な特徴とする研究者は多い。前掲してきた山下聖美氏の『集中講義　宮沢賢治』においても、「宮沢賢治という人は、様々な作品に、他者を思いやる自己犠牲の精神をもつ者を登場させて」いると述べている(一二二頁)。分析の事例として、山下氏は「よだかの星」を挙げている。

私はすでに、「よだか」の一見すると「自己犠牲」的とも思われる最後は、大乗仏教の流れでいうところの「利他」とは結びつかないのではないかと指摘をしておいた。つまり、賢治における自己犠牲の精神は、大乗仏教の利他の論理から厳密に導き出されたものではなく、論理以前のヒューマニズムにも通じる価値意識に基づくものだったのではないだろうか、と私は思慮するのである。

ジャータカにみられる大乗仏教の菩薩が決行する捨身行為(自己犠牲)の前提には、自己の犠牲(捨身)によって、一切衆生を仏道に向かわせたいという利他の誓願が込められているのである。しかもそのジャータカは、もともとは、血の匂いを漂わす凄惨な捨身をモチーフとするものではなく、日常生活を律していくべき道徳訓であったことも、すでに指摘をしておいた。しかし「よだか」は、他の命を食べなくては、生きてはいけない我が身に絶望して、虫の命のためならば、死んでもいいと決断するのであった。そして新たな「永遠」の世界で生きるべく、「どこまでも、どこまでも、まっすぐに空へのぼって行」って、力尽きて最後を遂げるのである。確かに「よだか」はカシオペア座の隣で、「燐《りん》の火のような光になって、しずかに燃えて」、「よだかの星」になったのかも知れない。

しかし大乗仏教の利他主義に含意されている他者性（他者の発見）はそこには見いだすことはできない。絶望した「よだか」は、「よだかの星」となって、自己完結しているのである。大乗仏教は、自己完結した「自利」に止まることなく、「自利」（真実の目覚め・さとり）の成就とともに、他者の利益を実現させる「利他」との同時成立（円満）を目指すものである。

(2) 全体のための個は危ない

日本近現代史において、利他主義そしてその極限ともいうべき自己犠牲主義と絶望の一人歩きは、それが政治の世界に投影されると危険な様相を帯びてくるのである。絶望感に身を焦がした明治期の「煩悶青年」が、自らの救いを、国家を超えた超越的な存在として天皇に求め、天皇による「永遠」の世界（国体）をこの世に実現するといった超国家主義へと傾斜していった先の帰結を思い起こして欲しい。「煩悶青年」をめぐるここいらのいきさつは、中島岳志氏の『超国家主義――煩悶する青年とナショナリズム』（筑摩書房）に詳しい。国家あるいは天皇のために命を捧げるという「大義」の名の下で、「君側の奸」を逐《お》いはらうとした「一人一殺」のテロが引き起こされたり、多数の前途ある青年たちが、特別攻撃隊として応召されていったアジア・太平洋戦争末期の悲劇も忘れることはできない。

自己犠牲主義の危うさは、自律心なき利他主義一辺倒の危うさでもあるのだ。ある共同体において、全体のために個を犠牲にするといった利他的な道徳の規制力が強まるほどに、それを守らない者は、利己的でわがままな「非国民」として、村八分といった排除の対象にされたのである。こうした様相は、今日においても同調圧力として、私たちに迫ってくる。

「世界がぜんたい幸福にならないうちは個人の幸福はあり得ない」という賢治の『農民芸術概論綱要』の中の一節は、大乗仏教の「自利利他円満」を語る文章として、私たちの心に、美しく迫ってくるものがある。しかしである。私はここで、自己犠牲主義と自律心を欠いた利他主義の一人歩きは、政治の世界に反映されると危険であることを、あらためて指摘しておきたい。「国家存亡の機」にあって、個人が自分の幸福を求めることは利己主義である、だから自己中心的な考えを棄て去り、全体の幸福のために尽くしなさいと自己犠牲を強要する言説は、国民を戦争に動員するときの常套句である。

（３）大乗仏教は、あくまでも「自利利他円満」

あらためて仏教の目標でもある「仏に成る」ことの論理を確認しておこう。在家（在俗）で生活を抱え、しかも煩悩多き、罪悪深重の凡夫にとって、自己犠牲をともなう、利他的な行為は実践不可能であろう。

そんな凡夫の今生での救いの根拠を、親鸞的に表現するならば、以下のように整理することができよう。南無阿弥陀仏という念仏が、私の生命の中に届いている仏の声として実感できるほどに、念仏を日暮らし相続する念仏者は、心が澄んで、安らかになり、目が覚めて、新しく何かが見えてくるというのである。こうして念仏者は、古い自分の殻を脱ぎ捨てて、人間的に成長し続けることを喜びとするのである。その結果今生では、「正定聚《しょうじょうじゅ》」として、浄土で必ずや仏に成れる身に成る、というのである。「正定聚」とは直訳するならば、仏に成ることが、正《まさ》しく、定まっている輩（聚）という意味である。「正定聚」こそが、念仏者の今生での救いの根拠であり、「自利」の内実なのである。

以上のように仏教者（念仏者）としての生き方によれば、自己犠牲と受けとめられる「よだか」の最後の行為は、仏への転生を目指すものではなく、結局は罪をあがなっての自死になってしまいかねないのである。

こうした自己犠牲の精神が、現実の政治の世界に投射されると、どのような相を現すのだろうか。たとえ文学的あるいは感覚主体的な世界においてであったとしても、自己犠牲精神の美化は、ひとたびリアルな政治の世界に投射されると、「滅私奉公」とか「お国のため」とか、今次戦争末期の「特攻」、さらには「一人一殺」のテロリズム（一九三二年血盟団事件）へと繋がってしまう危険性を常に孕んでいるのである。

自己の自律心を失った、感覚的で、やみくもな利他精神（利他主義）、そしてその裏返しとしての自己犠牲主義は、全体のために個を喪失しても構わない、というあやうさを常に抱え込むことになろう。だから大乗仏教では、「自利利他円満」を説くのである。

「円満」とは、単に自利と利他との両方が大事といった結論に止まるものではなく、両者は切り離すことができない表裏一体の関係にあることを言い表す言葉なのである。

「自利」とは、仏教本来の姿勢で言えば、私自身が真実のあり方に気づき、めざめて、古い自己から脱皮をし、新しい人格への変容を通して、自己成長を遂げていくことなのである。そうした「自利」が「因」となって、他者をして仏道に到らしめるという「果」を得ること（「利他」）は表裏一体の同時成立の関係にあるのである。逆に「利他」だけで「自利」がなければ仏道とはいえなくなる。したがって、大乗仏教の「自利利他円満」は、自死にも繋がってしまう自己犠牲主義ややみくもな利他主義とは無縁であることを特に強調しておきたい。

法然――親鸞の流れで言えば、「自利利他円満」の論理は、阿弥陀仏の立てた四十八の誓願に言い表されているのである。阿弥陀仏は、法蔵菩薩として行を修している時に、一切の衆生が浄土に到ることがなければ、自分は仏には成らないと誓われたのである。つまり阿弥陀仏にとっては、この私という他者の幸せを抜きにしては、阿弥陀仏は仏たり得ないということでもあるのだ。

親鸞教学の学僧であった故信楽峻麿《しがらきたかまろ》師（元龍谷大学学長）は、阿弥陀仏という真実のあり方は、「本来は成仏している仏でありながら、この私を離れては、永遠に不成仏の仏」なのだと言い切っている（『親鸞の真宗か蓮如の真宗か』方丈堂出版、一二五頁）。仏という真実のあり方は、この私を離れてどこかに二元的に、抽象的に漂っているわけではない。信楽師は続けて説いている。私の往生成仏と阿弥陀仏の成仏は「一体」（前掲書、一二九頁）なのである。

『農民芸術概論綱要』で「世界ぜんたい幸福にならないうちは個人の幸福はあり得ない」と表現した賢治の心の叫びは、「自利利他円満」を説くものとしてはよく理解できる。賢治の言葉が他者との関わりにおいて、単なる同情から出たものではないはずだからである。

「『同情』はあくまでも今の自己の考えやあり方が基準になっている。（略）だから、こと利害が自分の運命に関わるようになると、『同情』の行使は中止される」（阿満利麿『行動する仏教』

ちくま学芸文庫、五九頁）。「同情」と対極にある仏教的概念である「慈悲」は、私の言葉で言えば「共感共苦」であり、仏教の真理に目覚めることと深く結びついた価値なのである。だから、慈悲は一過性に終わることなく、その人の存在の証しとして、いついかなる時でもはたらいているのである。

しかし『農民芸術概論綱要』が発表された五年後の一九三一年、満州事変がひき起こされ、泥沼の一五年戦争（アジア・太平洋戦争）へと、日本は突き進むことになる。

4　手塚治虫マンガの非戦平和への希望

(1)「荒野の七ひき」

上記で私は、自己犠牲精神の政治的危うさを述べてきた。しかし他方で、自己犠牲精神とは過去の、しかもアジア（東洋）に特有な歴史的民族的な内面的な規範（エートス）ではなく、現在にも、そして近未来にも当てはまることを新バージョンで示したのが手塚治虫のマンガなのである。新バージョンとは、凄惨な自己否定に基づく自己犠牲ではないという意味である。自利か利他かといった不毛な二項対立を避けるためにも、手塚治虫のマンガを提示しておきたいのである。自己犠牲の精神と言えば、キリスト教の、人類の罪をあがなうためとされるイエスの磔刑などを思い浮かべるけれども、紙幅の都合もあるので、ここでは触れない。

ここで取り上げる手塚のマンガは「荒野の七ひき」である（『手塚マンガで憲法九条を読む』子どもの未来社所収）。読者はただちに黒沢明の「七人の侍」（一九五四年）、それに影響されたアメリカのアクション映画「荒野の七人」を思い起こすであろう。たとえば日本の「特攻」を主題にしたものも含めて、古今東西の戦争映画には、国威発揚の意図もあって、全体のために個を放棄するといった自己犠牲主義を過剰に美化した作品が多い。では手塚マンガの創作意図とはいかなるものであったのだろうか。

「荒野の七ひき」は、「ＰＥＧＰＰ（汎地球防衛警察同盟）」を名乗る、ふたりの地球人それも日本人が、「ざっと二百ぴきの宇宙人をやっつけ（虐殺して――服部）」た場面から始まる。五人の宇宙人捕虜を入れて七人は、地球人の本部を目指そうとする。しかし「近未来自動車」の事故によって、砂漠を徒歩でわたらなければならなくなる。ここで手塚はあえて「七ひき」と名付けた。

食料も水も途切れる中で、一人の「宇宙人」は、自分の肉体の一部を食物として差し出し、もう一人の「宇宙人」は、自分の体液を他の宇宙人に分け与える。自己犠牲（捨身）した宇宙人は結局死んでしまう。最後に残った地球人「潮《うしお》」が、生きのびた宇宙人に問いかける。「な

ぜ　きみたちみんなは　こうかんたんに　身をすてて　ほかの者につくすんだ‼」。宇宙人は問い返す。「ナゼ　チキュウ人ニハ　ソノ心ガ　ナイノカ?」「ホントニ　人間ナラ…ソノ心ガドンナニダイジカト　イウコトガ　ワカルハズダ」。

最後の場面は「変態（メタモルフォーゼ——服部）」して成虫になった「宇宙人」の知らせで、生き残った者は本部の救出隊に助け出される。宇宙人の最後の一人は、生き残った地球人「潮」によって、宇宙人の基地へ送り返される。

当然手塚は、ジャータカの「捨身」の物語を熟知している。しかし彼は、感情的な高揚感をもって捨身という「血の匂い」がする自己犠牲の物語を直截《ちょくせつ》にマンガに反映させたのではない。

この作品が書かれたのは一九七二年である。同年五月の「日本赤軍」メンバーによる、死者二八名を出したテルアビブ空港での衝撃的なテロ事件が想起されよう。ここで小森陽一氏の解説を紹介しておく。この作品は「虐げられた物《ママ》が心に抱くヒューマニズムは武装闘争以外にない」と事件に対してアジテートした「日本赤軍」への、手塚治の「真っ向からの反論」だ、というのである（前掲書、二〇三頁）。

これまでの議論をまとめてみよう。手塚にとって赤軍派の言うところの、「血の匂い」が漂う「ヒューマニズム」など独り善がりの、論理矛盾も甚だしいものなのである。手塚の創作意図は、人間の根底に横たわる、素朴な価値意識であるヒューマニズムとしての「自己犠牲の精神」を描くことにあったのだ。ここまでは、「よだかの星」の底流に見いだされる賢治の根源的なヒューマニズムとしての自己犠牲精神へと通じるものがある。

しかし小森氏の先の指摘をさらに敷衍して述べるならば、手塚治虫は、唯一の被爆国家日本が、憲法九条を持つ国になったがゆえに、「身を捨ててほかの者につくす」という主題を感動をもって描いたのだと思うのである（前掲書、二〇三頁）。

だからジャータカ（本生譚）で表象された捨身という自己犠牲の精神は、「荒野の七ひき」や次に紹介をする「アトム今昔物語　ベトナムの天使」というマンガにおいて、平和への希望とその実現という新バージョンのもとで近未来の物語として再生されたのである。

(2)「アトム今昔物語　ベトナムの天使」

手塚マンガには、ジャータカ（本生譚）のモチーフが色濃く埋め込まれている。長編作品「ブッダ」を思い起こす読者もおられよう。本節では「荒野の七ひき」とともに、先に紹介をした『手塚マンガで憲法九条を読む』に収められている「アトム今昔物語　ベトナムの天使」を紹介しておこう。

制作年は、一九六七年である。時代は、アメリカによる宣戦布告なきベトナム「戦争」が本格化していった頃である。自分のエネルーギーを犠牲にしてまで、ベトナムの小さな村を、アメリカ軍の猛攻撃から、アトムがひとりで守るという筋立てである。エネルギーの切れたアトムは、自分の身体を日本へ送って欲しいという言葉を遺して死んでしまう。そしてアトムの身体は白い布にくるまれ、しっかり括られて、村人の手でサイゴンに送り届けられる途中で、襲撃に遭ってしまう。村人は殺され、アトムは永遠に「メコン川の水底深く…」沈んでしまうのであった。

「それから　たった一日たっただけで…またもや爆撃が始まって」「村人はひとりのこらず死にたえてしまいました…（爆撃下で生まれた――服部）あの赤ん坊も…」。

この作品で印象深い場面がある。村の長老から、どこからやってきたのかと問われたアトムが、「ぼくは…戦争のない世界からきました」と答えるのである。本の解説者小森陽一氏は、憲法九条があるにもかかわらず、アメリカ軍の出撃基地のみならず、補給や後方基地を提供していた日本の実相を、手塚は指摘しているのだ、と述べている（前掲書、一三六頁）。

捨身という自己犠牲の精神は、手塚のマンガによって、我が身を捨てた凄惨な捨身イメージを超えて、平和や非戦という希望のメッセージと結びついて、後世へバトンタッチされていったのである。つまり手塚マンガに込められた平和のメッセージにおいて、自利と利他は円満に成就しているのである。つまり大乗の利他主義とは、けっして「血の匂い」の漂う捨身という自己犠牲主義だけに収斂していくものではないのである。

第5章

歴史の中の宮沢賢治

1　賢治にとっての利他主義

(1) 井上ひさしの評伝劇

劇作家故井上ひさし氏の作品の中に、「評伝劇」という独自のジャンルがある。評伝とは、「批評をまじえながら書かれたある人物の伝記」(『広辞苑』第六版)のことである。その伝記に、あれこれの趣向を凝らした筋を立てて、物語化した劇作を評伝劇と言う。

井上氏の批評性は、膨大な資料を読み込んだ上で紡ぎ出されたものなので、その人物評価は、荒唐無稽な主観的なものではなく、客観性を持ち得ている、と私は確信している。しかもその批評性は、劇作家の永井愛が指摘するように、いささかも「説教臭く」ないところに好ましさを感ずる(「評伝劇の可能性」、『「井上ひさし」を読む――人生を肯定するまなざし』集英社新書)。

(2) 「イーハトーヴ」

賢治が「グスコーブドリの伝記」のなかで描いている理想郷「イーハトーヴ」はエスペラントで「岩手」を指す。エスペラントはポーランドの眼科医にして言語学者のザメンホフが創案した人工の国際語である。たとえば盛岡がモリーオ、仙台がセンダード、東京はトキーオとなる。

イーハトーヴの由来や変遷については諸説あるようだが、エスペラントを基にしながら、賢治が創造した造語なのだろう。ちなみにネット検索に依れば、井上ひさし氏の評伝劇「イーハトーボの劇列車」の「イーハトーボ」は、「イーハトーヴ」に落ち着くまでに賢治自身がたどった変遷の中にみられる。

前掲山下聖美氏は、賢治がエスペラントを用いたということは、「日本を超えて受容される作品を創りたかった」のだろうと述べている（山下前掲書、五八頁）。ただここで私たちは、日本を超えたいという「欲望」が、同時代史のなかでは、賢治の意図を超えて、「満州国」という「理想国家」建設に向けて、大陸侵略の「野望」と重なっていったことを忘れてはならない。実際に賢治と同じく国柱会に属していた関東軍参謀の石原莞爾は、満州事変を引き起こし、それこそ日本を越えた「満州国」の「建国」を推進した中心人物であった。ここで山下氏は注意深く論じている。賢治にあっては、現実世界とリアルに関わった石原とは異なり、「童話という手段で理想郷・イーハトーヴを創った」のだと述べているのである（前掲書、五八頁）。

（３）井上ひさし「イーハトーボの劇列車」――「花巻署伊藤儀一郎刑事」の「爆発」

舞台は、大正一五年一二月、東京は神田の「下宿旅館『上州屋』」の二階六畳間。賢治が花巻農学校の教員を依願退職をして、「羅須地人協会」を設立した頃である。天沢退二郎編の「年譜」（宮沢賢治『ポラーノの広場』新潮文庫所収）によれば、このころ労働農民党（労農党）稗貫《ひえぬき》支部が設立され、賢治はシンパとして協力している。賢治三〇歳のときである。

劇中人物花巻警察署の伊藤刑事は、エスペラントを賢治から教わりたいなどと巧みに近づき、賢治の動向を終日探っていた。

その伊藤刑事の身分がばれてしまった後の、賢治とのやりとりである。

伊藤　手をお引きなさい。（略）アカとつき合うのはおよしなさい。（略）それから百姓どもともいい加減手を切った方がいい。

賢治　（略）でも、伊藤さん、農民と手を切るなんてことはできませんよ。（略）ぼく自身がもうすでに農民なんです。（略）

伊藤が爆発する。

伊藤　あんたが百姓だと？

賢治　そ、そうですよ。羅須地人協会の裏に畑が……

伊藤　もう許さねぞ、おれは。百姓の味方面《づら》して、やれ「農民芸術でござい」、それ「花巻ユートピアでござい」と言《ゆ》って居《え》るだけなら、不愉快は不愉快だども、まだ、耐《こら》えでられる。だはんで、自分《づぶん》のごどばぬけぬけと「百姓でござい」と名乗ってるづな、もう許せねえ。

（略）

伊藤　汝《う》なあ、今年の夏、畑でとれたトマトだの茄子《なす》だのば、花巻の町場さリヤカーさ載せで持って行って、無料《ただ》で配ったたづな。

賢治　ひとりではたべ切れませんから……

伊藤　そげな百姓、どこさ居《え》る？　地代も高いし、肥料も高い。家《え》さは子どもは居《え》るし、女房《かかあ》はまたまた孕み腹《はら》だ。だから百姓は大根の尻尾《しっぽ》も粗末にしねえのだ。（略）汗ば流して作った茄子ば無料《ただ》で配るばかが何処《どこ》さ居《え》るべ。

（略）

伊藤　エスペラントで世界中の百姓と話コするだど？（略）言いたくても言えねえでじっと唇《くちびる》ば噛《か》んでる百姓が、どげなごどすれば世界中の百姓さ話しかけられるづのだ。汝《う》なあ、ばがのばが、ばがの行き止まりよ。

（略）

伊藤　音楽劇だど、もう腹立つごど！（略）この船来かぶれ。だいたいな、百姓の指は太くて、オルガン弾かせてみろ、鍵盤《けんばん》ば同時に押してしまうから。

（以下伊藤刑事は、賢治が財政的にも父親の援助に依拠している事実を、「坊ちゃん」「若旦那」と侮蔑を込めた言葉で呼びかけながら、非難する。そして賢治が警察に捕まらない理由を、地域の名士である父親のおかげであることを告げて去るのである。——服部）

（伊藤の去りぎわ——服部）

伊藤　キウ・ヴィ・エスタス？（エスペラントで〝あなたは何者ですか？〟——服部）

賢治　ミ・エスタス・インファーノ……。私は子どもである……。

賢治、がっくりとなって坐《すわ》り込む。

（井上ひさし『イーハトーボの劇列車』新潮文庫）

伊藤刑事の「爆発」の原因は、羅須地人協会の挫折の原因でもある。冷害・凶作そして小作料に苦しめられている「本当」の百姓からすれば、賢治の「善意」は、「お坊ちゃん」の道楽にしか映らなかったのだろう。賢治の理想の中心に坐るべき百姓から、いわば愛想づかしをされたのだ。

他方で賢治の「善意」が受け入れられなかった理由として、地主‐小作の関係や古い共同体に緊縛されていた百姓の屈折とねじれ、そしてその裏返しとしての自分本位の保守性にも注意を向ける必要がある。そうした農民の屈折とねじれゆえに、彼らは賢治の農民のためという、主観的には全くの善意の行動を、胡散臭い、お坊ちゃんの上から目線と感じたのだろう。

私事にわたるが、この百姓と賢治の関係は実感として、私にはよく分かる。学生の頃、今は亡き父の郷里に時たま帰省をして、親戚連中と酒を飲みながら政治論議になると、必ず「百姓仕事もしたことのねえ、東京のあんちゃん」が何を分かったようなことを言うのか、というものだった。その言葉に、百姓の誇りとは違う違和感を感じた記憶が鮮明に残っている。

(4) お坊ちゃんの「善意」?

伊藤刑事は百姓の出身である。それも貧農であるのだろう。「貧乏人」が「アカ」になるとは限らない。特高や憲兵になって、労働運動や農民運動を潰しにかかることは、冷厳な現実であった。井上評伝劇の「組曲虐殺」で小林多喜二をつけねらう刑事も同じである。ただ「組曲虐殺」では、その刑事は多喜二に感化されてしまうのだが。

上記引用した伊藤刑事の台詞に託した、井上ひさし氏の多喜二に対する評価に、大きな間違いはなかろう。賢治が「お坊ちゃん」であったことは紛れもない事実である。しかし他方で「本当の百姓」になろうとした賢治も真実の姿であった。

農村において、農民のための芸術、さらに肥料設計などの農業指導の実践をするという賢治の理想を実現するために、その拠点とされたのが「羅須地人協会」であった。ただその敷地建物は、宮沢家の別宅であった。賢治の生前に出版された、たった二冊のうちの一冊である詩集「春と修羅」の印刷費用も父政次郎《まさじろう》が負担してやったものである。ちなみにもう一冊は童話集「注文の多い料理店」である。さらに賢治の旅行費用や短期間であったにせよ東京生活でのまかない費用など、賢治の生活は父親の金銭的物理的な援助に支えられていたことは事実である。

だから百姓出身の伊藤刑事は、「本当の百姓になります」（大正一五年四月一三日付杉山芳松宛手紙）などと「青臭い」ことを述べる賢治に対して怒りが「爆発」したのである。

（5）ユートピアを宗教と芸術に昇華する賢治の非イデオロギー性

賢治は、羅須地人協会を通して社会革命を志向していたのだろうか。井上氏は、伊藤刑事と賢治のやりとりの中で、賢治に語らせている。「マルキシズムはだめです。すくなくともこの思想による革命は日本では起こらない。ぼくはハッキリそう明言します。」

伊藤が反論する。「しかし（労働農民党の――服部）シンパであることにはかわりはない。」この伊藤の言葉に反論する形での賢治の台詞が以下である。ここから賢治の同時代に対する価値意識が理解できるのではないか。「主義には反対でも、農民の組合が中心になっているのですし、友人も大勢加わっていますから……」。

ここで、賢治は「イデオロギー」と表現してもいい「大きな物語」で同時代に関わっているのではない、とする解釈が成り立つ。賢治の詩に「サキノハカといふ黒い花といっしょに」がある（『新編宮沢賢治詩集』新潮文庫、二七八頁）。その一節に「ブルジョアジーでもプロレタリアートでも／おほよそ卑怯《ひけふ》な下等なやつらは／みんなひとりで日向《ひなた》へ出た蕈《きのこ》のやうに／潰《つぶ》れて流れるその日が来る」という件がある。ちなみに編者天沢退次郎氏によれば「サキノハカ」は意味不詳である。

いずれにしても賢治の関心は「階級闘争」とか「階級意識」には向いていないのである。ブルジョアジーであれプロレタリアートであれ、「卑怯で下等なやつら」では「新しい時代」を「鍛《きた》へ」られないというのである。社会体制的に認識されたブルジョアジーとプロレタリアートではなく、どちらの側に属するのであれ、個人の倫理的な生活態度として、賢治は「卑怯で下等」な振る舞いを忌避しているのである。

そこから賢治の思考は、さらに飛翔して次の高い次元へと発展する。山下聖美氏の見解を紹介しておこう。「ただ生活のためにものを売ったり、自分の労働（力――服部）をお金に換えていくのではなく、天が与える自らの使命を意識し、それを仕事とし、そうした人々が芸術を作り出していくことが必要だ」（山下前掲書、一二七頁）と、賢治は主張している、というのだ。

つまり賢治は、「これからの宗教は芸術です。これからの芸術は宗教です」（大正一〇年七月一三日付、関徳弥宛手紙）ということがこの世で実現できる、「ほんとう」の生き方を、目指したのである。その理想郷がイーハトーブなのであり、その拠点が羅須地人協会であったのだ。

こうした賢治の理想追求の意識の基層に常に横たわっていたものは次のようなものであったのだろう。冷害、大凶作に苦しむ東北農民を目の前にして、自分は裕福な、収奪する側の犯罪者だという引け目感情である。

ただ賢治は、自分がなぜ警察の監視の対象になっているのかを、そもそも理解してはいないのである。自分のユートピアの核が、農村における芸術と『法華経』であることが、なぜ「国法にふれる」のかと、劇中で伊藤刑事に抗議しているのである。そのユートピアの拠点が羅須地人協会なのであるが、伊藤刑事にとっては、羅須地人協会は「アカ」の拠点なのである。「アカ」を自覚するか否かにかかわらず、賢治はひたすら、東北の冷害・凶作からどうやって農民を救うかを、本気で考え続けていたことは確かであろう。

本書の問題意識に関わる大乗仏教の利他行からすると、賢治の生き方をどのように考えたら良いのだろうか。少なくとも彼の生き方は、労働者や農民のための、「アカ」としての利他主義、あるいは捨身の自己犠牲主義でないことは確かである。対照的に同時代の作家小林多喜二は、賢治がこの世を去った同じ年の一九三三年に、特高警察の手で拷問死している。

⑹ノブレス・オブリージュ？

賢治の利他行の行き着くところのひとつとして考えられるのが、いわゆる「ノブレス・オブリージュ」なのである。直訳的には、貴族の高貴さの保持のためには義務がともなうというもので、社会的な富裕層、権力者は規範的に振る舞えという道徳律を指すものである。確かに百姓からすれば、賢治の実践が上からの善意と意識されたが故に、彼らは賢治から離れていったことは事実であろう。

では賢治が労農党のシンパになったということをどのように考えたら良いのか。実際労農党稗貫支部への物理的な支援は、研究者によっても指摘されるところだが、そのために賢治が、治安維持法違反で逮捕検挙されたという事実はない。

労働農民党は分裂を繰り返した無産政党のひとつである。一九二六（大正一五）年一二月一二日には、左派政党として再建再出発をしている。委員長は大山郁夫であった。

賢治にとっては、左派も右派（日本農民党・社会民衆党）も中間派（日本労農党）もないのである。ひたすら目の前の困窮にあえぐ農民の救済を考えて、分け隔てなく、運動家とも付き合いながら、彼らと関わっていたのだと思う。一九二六（大正一五）年一〇月三一日、旧労農党稗貫支部発会式には、後の日本社会党委員長浅沼稲次郎（一九六〇年安保闘争下、右翼少年山口二矢に刺殺される）も花巻を訪れている。ちなみに浅沼はいわゆる中間派に位置する。

（7）仏法以前の根源的なヒューマニズム

前述してきた賢治が生きていた同時代への関わりの経緯を踏まえながら、賢治にとっての利他行をまとめてみる。君野隆久氏が適切にまとめているので、紹介しておこう。

賢治は、社会環境の中で自分より劣位にあると感じられる他者に接したとき、条件反射のように自虐的な言葉を返してしまう。その瞬間、賢治は対他的な意識――「かあいさうだ」――に過剰なまでに圧倒されてしまっている。それは仏「法」以前のある資質の表出と言ったほうが真実に近い。

（君野前掲『捨身の仏教――日本における菩薩本生譚』一八七頁）

君野氏が指摘をする「仏『法』以前のある資質」とは、個人の行動を終局的に決定する価値意識のことである。賢治の場合、それは根源的なヒューマニズムと言い表されてよいと思う。

翻って歴史家色川大吉氏は、この根源的なヒューマニズムを、あるエピソードを紹介しながら説明している。色川氏は『きけわだつみの声』からある特攻隊員の手記をとりあげている（「歴史家の見た宮沢賢治」『宮沢賢治研究Ａｎｎｕａｌ』第六号、二四九〜二五〇頁）。

特攻隊員が、「心の中の支えになる倫理を」、あるいは「最後の自己規律」を探していったときに、彼が行き着いた先が賢治の童話であった、というのである。

賢治に「烏《からす》の北斗七星」という作品がある。ある特攻隊員（佐々木八郎）はその童話の一節を引いて、「最も美しい、ヒューマニスティックな考え方」、「正にこうならなければならないと思う」と書いている。

「ああ、マジュアル様、どうか憎むことのできない敵を殺さないでいいように早くこの世界がなりますように、そのためならば、わたくしのからだなどは、何べん引き裂かれてもかまいません」（「烏の北斗七星」、『注文の多い料理店』新潮文庫所収、六四頁）。

賢治作品に登場する捨身の典型的なパターンである。この自己犠牲主義的な言葉を、色川氏は次のように分析している。

戦場で、こちらが殺される前に、先に殺せと言われても、「自分の心の中に何か止める力が動くわけです」。その止める力に賢治の童話が出てきたのである。色川氏は続ける。「自分の感性の中に浸透しているブレーキのようなものこそが作動する。その時、宮沢賢治のイメージがよみがえったということを」、色川氏は友達から聞いたというのである。極限状況では「道徳教育だとか、そんなものは全然きかないんです」。

この「何か止める力」「ブレーキ」こそが、君野氏が先に指摘をした「仏『法』以前のある資質」であり、すなわち根源的なヒューマニズムなのである。

賢治にとって、その作品に含まれる捨身の自己犠牲精神の展開には、「仏『法』以前」のヒューマニズムという価値意識が脈打っているのだ。つまり賢治の自己犠牲的精神は、大乗仏教の利他主義から、教義的あるいは教理的に導き出されたものではない、ということなのである。

2 賢治の政治姿勢——国柱会との関わり

(1) 賢治は田中智学を信じ続けていたのか?

歴史学者色川大吉氏の講演録「歴史家の見た宮沢賢治」と「〈色川大吉講演・補論〉賢治の国柱会とベジタリアン大祭」(ともに『宮沢賢治研究Annual』第六号、一九九六年所収)を下敷きにしながら、上記小見出しの表題について探ってみたい。引用は、前者を「色川A」、後者を「色川B」と表記する。

表題「賢治は田中智学を信じ続けていたのか？」に対する色川氏の解答は、「ノー」である（色川B、二七四頁）。同時代のロシア革命、米騒動をはじめ当時の労働運動、農民運動に対して、智学は「暴民」と呼び、強い拒否の姿勢を示している。「大逆事件」の「被告」は「逆徒」呼ばわりされている。賢治は、特に農民に対する、智学のそのような評価に納得していたのだろうか。

では賢治は、智学のどこに共鳴をして、国柱会に加入したのか。賢治は、人類の究極的救済を日蓮の思想で説く、智学の熱情と信心に惹かれたのだ。それは「ほんとう」を追い求める賢治の熱情とも合致してたのだろう。

同じ国柱会会員で、関東軍の高級参謀であった石原莞爾は、「大正義の下」、「世界最終戦争」による「四海の帰一」（「国柱会創始の宣言」）に、自らの理想の実現を求めた（石原莞爾『世界最終戦争［新書版］』毎日ワンズ）。石原が関東軍の参謀として、満州事変から「満州国」設立に至る中心人物であったことは先に述べておいた。

智学のオリジナル用語である「八紘一宇」は、『日本書紀』に記されている、神武天皇が橿原に都を定めたときの、「八紘《あめのした》を掩《おお》いて宇《いえ》と為《せ》ん」という詔に由来しているのである。こうした神話の観念と『法華経』の教理を無造作に結びつける智学の雑ぱくな「理念」に、賢治は心底納得をしていたのだろうか。色川氏ははっきりと「賢治が違和感を強めてゆくのは避けがたいことであった」と述べている（色川B、二七六頁）。賢治は、高等農林学校で農芸化学を学び、農民たちに農業指導や肥料設計を提供しており、最新の知見を身につけていた科学の人でもあったのだ。

さらに言えば、還暦を過ぎて智学が熱を入れだしたのが演劇であった。その「低次元の政治プロパガンダ劇」であった「国性劇」の文化的、芸術的な低劣さにも、賢治は辟易としていたに違いない（色川B、二七七頁）。智学のそれは、賢治の羅須地人協会の活動とくらべれば、その理念も文化的質も及びもつかないものだった。

他方で、たとえ民衆の生活に根ざしたプロレタリア文学や演劇であったとしても、それが政治的プロパガンダを優先させた、芸術性の低い作品であったならば、賢治は決して肯定的な評価を下しはしなかったであろう。

（2）宗教や芸術活動に支えられた賢治の「国際主義」

国柱会の偏狭で排外主義的な国家主義あるいはナショナリズムに、賢治はどのように関わっていたのだろうか。賢治が亡くなる前年の一九三二年に発表した「グスコーブドリの伝記」にも、「国体」とか「日本」とかに連なる言葉は出てこない。そもそも彼のエスペラント自体が、「国体」とか「日本」とは無縁の「国際主義」を理念としていたはずである。「イーハトーブ」にしても「銀河鉄道」にしても、賢治のまなざしは、近代国民国家を超えた普遍性へ向けられていた。

賢治が、そうした当時の「国体」とは無縁の、いやむしろそれを批判するような作品を意識的に書いていたとするならば、「国柱会との完全な絶縁を示す。むしろ賢治は、そうした教団の歪曲から『妙法蓮華経』髄や仏陀の教えを純粋に救い出そうとしたものと私には思われます」（色川B、二七九頁）と色川氏は述べている。

色川氏は、時代が軍国主義、民族主義、全体主義へと流れ込んでいくときに、「東北日本の一隅にこうした作品があらわれたこと自体」、「驚異だ」とも述べている（色川B、二七八頁）。しかし賢治も時代の申し子であったはずである。一方で賢治が当時のナショナリズムの洗礼を受けていたことは確かだと思う。

国柱会入会直後の、友人保阪嘉内宛の手紙（大正九年一二月二日）には「今や日蓮聖人に従ひ奉る様に田中先生に絶対服従いたします。御命令さへあれば私はシベリアの凍原にも支那の内地にも参ります。」と記しているのである。賢治には、内政干渉戦争であったシベリア出兵（一九一八年）や一九一九年の五・四運動以来、抗日運動が沸き起こっていた中国大陸の状況などは「全く見えていない。」「宮沢賢治に積極的な大陸侵略戦争に対する批判があったとは、全く思えません」（色川A、二六三頁）。であるとするならば、賢治は、国の内外の「世情」にいかなる立ち位置を示していたのだろうか。

彼は病気で徴兵免除の身でもあった。そうしたことへの負い目もあったのだろう。だから彼が病気や羅須地人協会のような挫折がなかったならば、「北一輝が考えたような社会革命の路線を歩んでいたかもしれません」とも、色川氏は述べているのである（色川A、二六三～二六四頁）。

こうして色川氏の指摘を踏まえながら、賢治の来し方を追っていくと、賢治の世情に対する立ち位置は、一点には定まらないのである。ただ私は、賢治の最晩年に当たる一九三二年の井上日召の血盟団事件のような「一人一殺」のテロ行動には、賢治はシンパシーを抱いてはいなかったと思う。色川氏も先の叙述に続けて、注意深く補足している。賢治も抱え込んでいたであろうナショナリズムを、「彼は宗教や芸術活動を深めることを通して克服していった」と述べているのである（色川A、二六四頁）。

(3) 絶望から自己犠牲主義へ

色川氏は前掲の講演で、賢治の心性を「絶望」をキーワードとしながら解析をしている。賢治が抱え込んでいた絶望感と、そこから抜け出たいという願望（「ほんとう」の希求）は、「自己犠牲というような形でしか結末しない」と色川氏は述べている（色川A、二七一頁）。
そこで私は、三つの視点から賢治の煩悶（絶望）にアクセスしてみたい。

①見つからない時代の出口

歴史を俯瞰してみれば、世の中が天皇制国家に骨がらみ搦め取られていた、重苦しい雰囲気の中で呼吸をしていたのが賢治であった。「なめとこ山の熊」では、小十郎は捕った熊の毛皮の値段について、「熊の毛皮二枚で二円はあんまり安いと誰でも思う」。「熊は小十郎にやられ小十郎が旦那にやられる」などと語っている。賢治も近代日本の資本主義体制の収奪・搾取の全体構造を皮膚感覚で認識はしていたと思う。問題は、その息苦しさの出口をどこに見いだしたらよいのか、ということであった。

井上日召のような「国家改造」のためのテロ活動か。北一輝のような社会革命か、石原莞爾のような大陸侵略による東亜新秩序の建設か、はたまた労農運動による社会主義革命か。賢治を含めて、当時のインテリゲンチャがそうであったように、彼らが抱え込んでいた煩悶は、歴史の流れの出口が見つからず、この先に希望の確信が持てないなかでは、悲壮な絶望感に陥ってしまう可能性を孕んでいた。

そうした絶望感のなかにあって、一九二八年、一九二九年の共産党、労農党、左翼運動、さらには広く自由主義への大弾圧は賢治をして、社会運動から距離を置かせてしまうきっかけになったのではないか。先に紹介をした井上ひさし氏の劇中で、井上氏は賢治に、「マルキシズムはだめです。すくなくともこの思想による革命は日本では起こらない。ぼくはハッキリそう明言します。」と語らせている。

他方で賢治はレーニンの『国家と革命』を読んでいる。そしてレーニンに見切りをつけた賢治が、レーニンとは異なる社会主義に注目をしていたとする論者もいる（大内秀明『日本におけるコミュニタリアニズムと宇野理論——土着社会主義の水脈を求めて』社会評論社、『ウイリアム・モリスのマルクス主義——アーツ&クラフツ運動を支えた思想』平凡社新書）。モリスは芸術で生活を豊かにするという運動を担った思想家にして芸術家である。その思想は一言で言えば、農村共同体を基盤とした「コミュニタリアニズム」（大内氏は「共同体社会主義」と訳している）を志向するものであった。

しかし賢治は国柱会という天皇を頂点にいただく国家主義団体に属していたのである。してみると賢治の意識の中では、社会主義と国家主義とを、どのように折り合いをつけていたのだろうか。ひとつの仮説として、賢治の意識が権藤成卿《ごんどうせいきょう》（一八六八〜一九三七）の農本主義に通じるとする解釈が成立するのかもしれないのである。もっとも権藤の主著『自治民範』（昭和二年二月初版発行、平凡社刊）などは多分にアナキズムと親和的である。

私がここで押さえておきたいことは、いずれにしても賢治の政治思想は一所にはとどまることなく、四方八方に飛躍するのである。それが故に、謎が謎を呼び、無数の解釈をなり立たせているのである。そこが賢治をして、多くの人を魅了させてきたのかも知れない

②賢治の置かれた立場

賢治は地方の名家の長男として誕生した。彼のナイーブな感性を悩ませたものは、東北の封建遺制とりわけ地主－小作制度と家父長制であった。逃げ出すことのできない「家」と父親の存在、そして困窮にあえぐ農民との間の板挟みにあえいでいた賢治であった。

前述したように、賢治は資本主義的な近代国家の全体構造を感覚的には認識はしていたと思う。しかし賢治は、その構造を変革して、板挟み状態から抜け出る道を、当時の同時代の中には見いだせなかった。国家権力による熾烈な弾圧下では、そもそも変革の主体たる運動そのものが存在し得なかったのである。

③死と向かい合う

最愛の妹トシの死は賢治に衝撃を与えた。「永訣の朝」「無声慟哭」「松の針」はトシ臨終三

部作と呼ばれる。以上の三作品は『新編宮沢賢治詩集』（新潮文庫）に収録されている。「無声慟哭」に次のような節がある。

こんなにみんなにみまもられながら
おまへはまだここでくるしまなければならないか
ああ巨《おお》きな信のちからからことさらにはなれ
また純粋やちひさな徳性のかずをうしなひ
わたくしが青ぐらい修羅《しゅら》をあるいてゐるとき
おまへはじぶんにさだめられたみちを
ひとりさびしく往《い》かうとするか
信仰を一つにするたったひとりのみちづれのわたくしが
あかるくつめたい精進《しょうじん》のみちからかなしくつかれてゐて
毒草や蛍光菌《けいくわきん》のくらい野原をただよふとき
おまへはひとりどこへ行かうとするのだ
（以下略）

（前掲書、九七〜九八頁）

仏教に精通していた賢治なのだから、「三法印（四法印）」のひとつ「諸行無常」や「四苦八苦」の「愛別離苦」を知らないはずはない。しかし賢治は、唯一の信心の同志であった愛する妹や自分の死という避けられない絶対の真実の前では煩悶するしかなかったのだ。さまざまな病に悩まされていた病弱な自分が、特に結核への恐れから、自分に残された時間を強く意識していたことは間違いない。賢治に限らず、それが「凡夫」たる衆生の真実の姿なのである。

(4) 文芸による仏教教化活動への特化

賢治は、社会改革運動に身を投じることと文学で民衆を教化していく運動の両立を図っていたのだが、色川氏によれば、後者に自らの生き方を特化していったのだ（色川A、二六一頁）。ただこの経緯には伏線がある。一九二一（大正一〇）年一月、両親の日蓮宗への改宗が聞き入れられず、賢治は突如上京している。そして国柱会本部を訪ねている。その場で、いかなる活動にも要請されれば、自分は参加する決意を語ったのだ。

しかし会の幹部高知尾智耀《たかちおちょう》に、文芸による仏教の教化《きょうげ》をすすめられる。高知尾は、賢治が社会運動家向きではないこと、むしろ賢治の文学的な才を見抜いていたのだろう。この時期は先述したように、田中智学は演劇に傾斜していたのである。だから高知尾の文芸活動への勧めも、智学の動向を受けてのことだと思うが、こうした高知尾の勧めが、賢治の旺盛な創作活動のきっかけになったことは事実であろう。

賢治が社会運動から、一歩身を引いてしまった原因としては、前にも述べたが、国家による労農運動への弾圧も影響していたのだろう。実際、一九二七（昭和二）年二月、「岩手日報」夕刊に羅須地人協会の紹介記事が載ったことから、賢治自身は当局の取り調べを受けているのである。

さらに賢治が当時の社会運動とは距離をもっていたということは、彼自身が納得する現状変革の理論と実践に巡りあわなかったことも考えられる。時代は、広範な市民（運動）など存在できない、否そもそも「市民」など存在しない時代であった。そのような中での現状変革のための社会運動は孤立して、それこそ「地下」に潜っての、非合法活動にならざるを得なかったのである。一九二八年、病に倒れた賢治にとって、そのような苛烈な運動は、まず肉体的にもたないと強く意識されたに違いない。

(5) 国柱会との訣別？

①国柱会と田中智学から離れた賢治の心

ここに文庫版にして五〇〇頁にもなる、大部の著作がある。今野勉氏の『宮沢賢治の真実』（新潮文庫）である。その「第七章『銀河鉄道の夜』と怪物ケンタウルス」の「８　賢治に何があったのか」に注目をしてみたい。今野氏は「心相」という文語詩を引用して、それが賢治の「田中智学への訣別の詩」である、としている。

今野氏による「心相」の口語訳を引用しておこう。「己れの心を導く永遠の真理を師として持つことが大事で、変わりやすい己の心を、己自身を導く師とすることはしないように。心というものは変わるものだ。己の心を師としてはいけない、と、昔から戒められているように、たよりないのは心だ」。「はじめは仏さまの導師と仰いでいた人は、今は酸《す》えておぞましい腐ったに馬鈴薯《ばれいしょ》に思える」（今野前掲書、四六三～四六四頁）。ここで「仏さまの導師」と表現されている人物が田中智学であることは間違いない。今野氏は「『心相』は、田中智学への訣別《けつべつ》の詩なのだ」（今野前掲書、四六四頁）と断言している。

さらに今野氏は、賢治の訣別の傍証として、昭和四年一〇月、盛岡で開催された、県と市が共催する、国柱会の大がかりな宣伝活動に、賢治が参加していないことを挙げている。

私は、一人の人間がある組織や人物と「訣別」するという場合、三つのパターンがあるのではないかと思う。一つ目は、自分が宗旨替えをして、思想的にも根源から「訣別」する場合。思想史的宗教史的には、いわゆる「転向」とか「転び」などと呼ばれているものである。

二つ目は、宗旨替えはしないが、自分が所属する組織の原理を主導する主宰者をふくめて特定の個人に対する疑義によって、組織から離れる「訣別」である。それは政治組織であれ、宗教組織であれ、硬直した原理主義へ忠誠を強いる教条主義、あるいはその裏返しの事大主義、権威主義への違和感と反発による「訣別」である。

三つ目は、たとえば自分が肉体を病み、精神的にも疲れ果てた状況下で、十分な組織的な活動が期待できないと覚って、自ら身を引く形で、組織と「訣別」する場合が考えられる。

賢治の訣別が、第一のものではないことは確かである。もしそうであるならば国柱会の心柱である『法華経』とも「訣別」しなければならなくなる。これは事実に反する。賢治は亡くなるまで、熱烈な『法華経』の信徒であった。一九三三（昭和八）年、九月二一日午前、容体が急変して、喀血した賢治は、国訳の妙法蓮華経を一〇〇〇部印刷して、友人知己に送るように遺言して、息をひきとっている。賢治は、国柱会から「法名」を授かっている。「真金院三不日賢善男子」（中島岳志前掲『超国家主義――煩悶する青年とナショナリズム』七四頁）。ただこの法名が「生前法名」であるとの話は聞き及んでいないので、父親の意向だったのかもしれない。

賢治は大変ナイーブな人であった。動揺や葛藤を繰り返す人だった。色川大吉氏の指摘通り、田中智学や国柱会への疑義があったことは確かである。たとえば文化的な質よりも、政治的プロパガンダに傾斜した智学の演劇に対して、強い違和感を抱いたであろうことは、先に指摘をしておいた。さらに言えば、国柱会には農民それも貧農層の生活臭が感じられない。国柱会の組織的基盤が、都市住民それも中層以上であったことも、賢治が国柱会の組織原理に違和感を感じていた一因であったのかもしれない。こうしたことの積み重ねによって、智学や国柱会に対して距離を置くようになったのではないか。

今野氏が指摘するように、賢治が、国柱会と組織的に「訣別」したとしても、賢治の『法華経』との訣別は事実に反するのではないだろうか。

賢治の「訣別」に至る理由を考える上で、私の結論は以下の通りである。賢治の場合は、前述した訣別にいたる三つのパターンのうち、二番目と三番目が渾然一体となったものだと思う。

一九二八（昭和四）年一二月、賢治は肺炎で倒れ、翌年も病臥が続いていた。賢治が晩年、健康に自信を失い、最愛の妹も若くしてこの世を去り、賢治は否応なく死と向かい合わざるをえなかった。そうした中で、運動論的にも、あるいは思想的にも、賢治自身が国柱会で活動を続けていくことに、ネガティブな思いを抱くようになったとしても、不思議ではない。

賢治は「諸行無常」、生者必衰の「法」を受け入れたのである。今野氏のまとめを以下に記しておく。「『法』を受け入れるとは、誰にも頼らず、ひとり、じかに、妙法蓮華経と向き合って生き、死んでいくということである」。「これが国柱会との訣別の理由」であるのだ。つまり賢治は「ひとりで生きていかなければならない」（今野前掲書、四六六頁）ことを強く意識したのだと思う。

②ジョバンニの緑色の切符

賢治は根源的な思想的理由によって、国柱会から「訣別」したのか、どうかということについて、「銀河鉄道の夜」（初期形第三次稿）に登場する「ジョバンニの切符」を採り上げてみよう。私の手にしている第三次稿は『ポラーノの広場』（新潮文庫）に収められている。

「赤い帽子をかぶったせいの高い車掌」から、切符の提出を促されて、慌てるジョバンニであったが、たまたま手を入れた上着のポケットに入っていたのが、「何か大きな畳《たた》んだ紙きれ」だった。それは「四つに折ったはがきぐらいの大きさの緑いろの紙でした」。「それはいちめん黒い唐草《からくさ》のような模様の中に、おかしな十ばかりの字を印刷したものでだまって見ていると何だかその中に吸い込まれてしまうような気がするのでした。」

この切符をのぞき込んでいた乗客の一人「鳥捕り」が「あわてたように云いました」。「ほんとうの天上へさえ行ける切符だ。天上どころじゃない、どこでも勝手に歩ける通行券です」。この緑色の切符と十の文字は、何を意味しているのだろうか。今野氏は、私が以前紹介をしておいた島地大等編『漢和対照妙法蓮華経』の表紙だという。一九一四年賢治十八歳のとき、この本に出遇って、生涯の信仰生活に没入していくことになるのである。

そして十字の文字はサンスクリット語であるという。「サダルマ・プンダリカ・スートラ」と読む。「サダルマ」は「無上の真理」、「プンダリカ」は「蓮華《れんげ》の花のような」、「スートラ」は「経」を指す。このサンスクリット語を漢字表記すると「薩達磨・芬陀利迦・修多羅」となり、まさに十文字だというのである（今野前掲書、四五六頁）。唐草模様も「宝相華《ほうそうげ》」と呼ばれる仏教全般に関わる模様だそうである（今野前掲書、四六〇頁）。

今野氏はその後注意深く、「銀河鉄道の夜」の最後の第四次稿から、この「ジョバンニの切符」の行方が分からなくなっていると述べている。どういうことか。「あらゆるひとのいちばんの幸福をさがしみんなと一しょに早くそこに行くがいい」、「切符をしっかり持っておいで。そして一しんに勉強しなけぁいけない。」（前掲宮沢賢治『ポラーノの広場』新潮文庫所収、三七六頁）とジョバンニを諭したブルカニロ博士とともに、この切符を、第四次稿では削除しているというのである。

つまり今野氏は四次稿で賢治が、ジョバンニの切符が象徴していた「妙法蓮華経」を消してしまったことの遠因として、賢治の国柱会からの「訣別」が暗示されている、と主張しているのだろう。しかし国柱会からの組織的な訣別があったとしても、それは、死を意識した賢治が、これからひとりで生きていかなければならないことの決意の表れであって、前節で述べきたように、根源的に『法華経』信仰そのものから訣別したことにはならないのではないか、と私は思う。賢治が、緑色の切符（今野氏が指摘する『漢和対照妙法蓮華経』）とブルカニロ博士を消してしまった真意は、結局のところ私には分からない

実は、この緑色の切符が何を指すのかということについては別の解釈も成り立つのである。中島岳志氏は前掲書『超国家主義――煩悶する青年とナショナリズム』で、「ジョバンニに持たせた緑色の切符を国柱会の機関紙『天業民報』と見て間違いない」と断定しているのである（七三頁）。『天業民報』は、緑の紙の新聞だった。緑色は国柱会にとって特別な色だったのである。一九二〇年九月一二日の「創刊の辞」では、緑色は「希望の色、蘇生の色で、日本国体の意気、日蓮主義の標色」とされたのである。

その色を「銀河鉄道の夜」に登場させたということは、少なくとも第三次稿までは、賢治は国柱会と根源的に訣別したのではない、という解釈も成り立つのである。中島氏はまとめている。「『どこまでだって行ける切符』は、国柱会の機関紙に他ならない」（中島前掲書、七四頁）。ただし今野氏が指摘するように、賢治は第四次稿から、この緑色の切符を削除してしまっているのである。

色川大吉氏は先に引用しておいたように、「ほんとうに賢治は田中智学を信じつづけた国柱会員だったろうか。私は疑う」（色川B、二七四頁）と、国柱会との距離を置いた賢治を強調し

ていた。今野氏や色川氏のように、国柱会との距離を置いた賢治を強調するか、否かについては、にわかには判断できない。賢治は、国柱会という国家主義団体に加入した経緯からも理解できるように、政治的にはその時の高揚感に流される危うさを抱え込んでいたことは確かであろう。

自分の死と真正面に向き合った賢治が、『妙法蓮華経』のみを頼りに、ひとりで生きていくことを強く意識したこと、そして先に指摘しておいたように智学への違和感などが重なり合って、賢治をして国柱会という組織原理から、距離を置かさせた、というあたりが真実だったのかも知れないのである。

賢治のような神経が非常に細やかで、葛藤して煩悶する人の真意を深く探って、白黒をつけて割り切ろうとすると、次から次へと議論が錯綜をしてしまい、私のようなたんなる一読者としては、かえって猛烈なストレスを抱え込んでしまうことになる。ここいらで「訣別」問答に終止符を打ちたい。

第6章

大乗仏教の利他主義と「贈与」のパスワーク

色川大吉氏は、賢治の自己犠牲的な作品が抱え込んでいる心性を前掲書で次のように分析していた。「時代が突きつけた超えられない」「苦悩」、それを「なんとか超えたいという願望を最後まで持ち続けた、あの無理が結局、自己犠牲という形でしか結末しない、そういう生き方を彼に選ばせた」（色川A、二七一頁）。

私たちは、色川氏が指摘するような、賢治における絶望から自己犠牲へというプロセスとは違った救済の論理を探りたいのである。賢治作品で表現される、一種悲壮感を漂わす自己犠牲主義は、一切衆生という他者を仏道へと導き（利他）、それを「因」として自らも仏あるいは菩薩へ転生すること（自利）を願う「自利利他円満」という「大乗のなかの至極《しごく》」（「親鸞聖人御消息」『註釈版聖典』七三七頁）とは結びつかないのである。繰り返しになるが、賢治の場合、自己自身の救済という一点で、自己完結しているのである。たとえばもう一度「よだかの星」の最後を思い浮かべて欲しい。

1　他者への「贈与」のパスワーク

（1）自己犠牲ではない利他主義

一切のものの存在根拠を、お互いの相互依存という関係性に求める仏教の「縁起の理法」からは、大乗仏教における「他者の発見」は必然であった。「情けは人のためならず」ということわざがあるが、人に親切にしておけば、その相手ばかりでなく、自分もやがては良い「果」に報われる、というものである。それは決して他者を手段にするということではなく、まさに仏教の縁起の理法を言い伝えたものである。

大乗仏教の目標は、自己のさとり（仏に成る・自利）のみに収まるものではない。「他」と関わり合って、平等心を獲得して、「他」を「救済する」ことが、そのまま自分のさとりの「因」となる「自利利他円満」を目指すのである。ちなみに自利と利他における因果の関係は、どちらが先で、どちらが後かという前後の関係を言い表したものではない。自利と利他は相互に、「因」になり得るし、「果」になり得るのである。

ここで「救済」とは、上から目線で、他者に同情して、助けるというものではない。同情と共感は違う。同情は、相手を対象的に見る感情である。つまり自分と他者とを二元的に見るから、時として上から目線となるのである。共感は、相手と自分が主客一体化するのである。つまり相手の苦しみは、私の苦しみなのである。大乗仏教における利他主義は、他者への共感共苦（慈悲）によって起動してくる。

本章で明らかにしたいことは、大乗仏教に内在する教理としての利他主義は、「血の匂い」

を漂わす自己犠牲を強いる凄惨なものではない、ということである。自分の身を投げ出して、他者のために自己を犠牲にするといったモチーフのジャータカ（本生譚）も、本来は釈迦の前世の善行（利他）を讃えた道徳訓だったはずである。「血の匂い」の漂う自己犠牲的なジャータカは、これまでも述べてきたように、歴史的かつ民族的な所産だったのである。つまり凄惨な自己犠牲主義は、大乗仏教の利他主義という教理から導き出されたものではないのである。

（2）宮沢賢治の遺言

一九三三（昭和八）年九月二一日、午前一一時半、賢治は突然喀血して容体が急変した。以下、前掲してきた今野勉氏の『宮沢賢治の真実』から、新全集の「年譜」を再引用しておく。

「突然『南無妙法蓮華経』と高々に唱題する声がしたのでみな驚いて二階へ上る」。（略）。（父——服部）「賢治、なにか言っておきたいことはないか」。（賢治——服部）「国訳の妙法蓮華経を一、〇〇〇部つくってください」（略）「それから、私の一生の仕事はこのお経をあなたの御手許に届け、そしてあなたが仏さまの心に触れてあなたが一番よい、正しい道に入られますようにということを（経をくばるときに）書いておいて下さい」（今野前掲書、四六七頁）、というものであった。この遺言を残して、賢治は午後一時三〇分息を引き取った。

葬儀は妹トシと同じく、宮沢家の菩提寺・安浄寺《あんじょうじ》で営まれた。そして一九五一（昭和二六）

年、宮沢家は日蓮宗に改宗して、墓所は花巻市の身照寺《しんしょうじ》に移されているのである（山下聖美前掲書、一八七頁）。

賢治の遺言に込められた仏法広宣のメッセージは、父政次郎にパスをされ、それを受けた政次郎によって、知己の人々に、さらにパスされていったのである。このパスは、損得勘定などは一切入り込まない贈与そのものであった。

(3)「思い残し切符」

井上ひさし氏の「評伝劇」である「イーハトーボの劇列車」の最終場面をとりあげよう。死の世界へ、死者たちを乗せて出発する、「メイード市行き特急列車『グスコーブドリ号』」が、下手から入線する。死者である農民たちは、女車掌ネリに「思い残し切符」を渡して列車に乗り込む。

女車掌　（農民たちに）思い残すことばをどうぞ。

（以下の「思い残し」の台詞は概略を記すにとどめる。丸括弧内の説明文は服部による）

農民イ　（耕作機械の月賦が払えなくなり、この鉄の塊のために、一年の半分も出稼ぎで家を留守にしていた農民イ。かーっと頭に血が上って、機械めがけて頭からぶつかっていって、打ち所が悪くて死んだ）。

「日本の百姓よ、もっと頭を使え」。

農民ロ・ハ・ニ（女）（出稼ぎの父ちゃんを思って「肌淋しくてしかたがない」母ちゃん三人。「男ができて」、「噂が立って」、父ちゃんの帰る前の晩に農薬を嚥《の》んで死んだ。）

「百姓のおかみさん、冬も父ちゃんと一緒にいるように！」。

ト　「農村ッ、自給自足しろ。」

チ　「兵隊と女郎と米、それから工員、これを村はいつも中央へ提供しておった。もう、やめた方がいい。」

賢治に扮した農民　「ひろばがあればなあ。（略）村の人びとが祭りをしたり、談合をぶったり、神楽《かぐら》や鹿踊《しかおどり》を楽しんだり、とにかく村の中心になるひろばがあればどんなにいいかしれやしない。」

女車掌　「（略）あなたの思いをまたきっとだれかが引きつぐんじゃないかしら。」

（略）

賢治に扮した農民　「（略）これからは百姓も頭がよくならなければだめだな。」

今まで何回も登場してきて、死者たちの「思い残し切符」を賢治に示しては、消えてしまった「赤い帽子の車掌」が現れる。そして、女車掌から農民たちの「思い残し切符」を受け取る。去って行く汽車を「不動の姿勢で見送」る赤い帽子の車掌は、「万感の思いをこめて、『思い残し切符』を観客席めがけて、力一杯、撒《ま》く。」（太字は作者）こうして、農民たちの思い残しのメッセージは、誰かに引き継がれていくのである。

百姓たちが思い残した言葉は、そのまま現代の日本が抱える農業問題を告発した井上ひさし氏の痛烈なメッセージなのである。最後の「賢治に扮した農民」が語った「ひろば」とは、古代ギリシャのアテネなどの都市国家の中心広場「アゴラ」が念頭に置かれているのであろう。メッセージはその人の自己表現として、そのまま表明されれば良い。そして異質の他者とも、徹底して対話をすれば良いのである。「ひろば」は、忖度などする必要のない、自由空間なのである。

アゴラでは、平等な関係にある「市民（その資格は成人男性に限られ、女性や奴隷は排除されていた）」が、開かれた議論によって、共同の意思決定を行ったのである。広場は古代の民主主義（デモクラシー）の拠点だったのである。デモクラシーはデモス（民衆）とクラティア（権力）との合成語である。直訳すれば「民衆の自己統治」となる。井上氏は、国家から自立したコミュニティーとしての農村社会に思いをはせていたのかもしれない。「吉里吉里《きりきり》」国は、井上氏にとっての理想の国イーハトーブであった。

（4）利他と文学・思想哲学との違い

この芝居の「思い残し切符」から、現代の私たちの心の奥に「利他」されたメッセージとは、私たちが他人の痛みを想像できる力を得て、おかしいことには声を上げることができるというものであった。

井上氏のメッセージは、井上氏から観客へ、そして現代の農民たちを含めて、現代人へと引き継がれていくに違いない。宮沢賢治を題材にした芝居を通して、井上ひさしのメッセージは、人々へ利他すなわち贈与されていくのである。大乗仏教の利他主義とは、他者へのメッセージの贈与なのである。

ただしここで注意を要する。大乗仏教の利他をメッセージの贈与と言う場合、たとえば文学や哲学、思想とどこが違うのか、という疑問である。研究論文でも小説でも、執筆者のメッセージは他者へ贈与されるのではないのか。

以前紹介をした阿満利麿氏の説（『行動する仏教――法然・親鸞の教えを受けつぐ』）に依るならば、大乗仏教の利他には、「行」と「信」が伴わなければ、それは哲学や思想そして文学とも違いがなくなってしまうであろう。それは、芝居（演劇）が文学や思想と違うのは、芝居における「演技」がなければ、文学や思想との違いがなくなってしまうのと同じことである。

2　利他とは「贈与」のパスワーク

（1）見返りの報酬を前提としない

①誰かに借りたら、誰かに返す

私たちが利他の具体的な像をイメージするのに、内田樹・岡田斗司夫両氏の『評価と贈与の経済学』（徳間書店）は、有益なヒントを与えてくれる。結論を先に述べておこう。

利他とは贈与のパスワークである。

現在私が、こうしてまがりなりにも生活して行けてるのは、自分ひとりでここまで生きてきたわけではない。それを「全部オレの手柄だ」と考え違いをしていると、私は他者へ何かしら手を差し伸べよう、などという気持ちが起きないばかりか、逆に誰も私に手を差し伸べてはくれないだろう。

私が誰かに利他（贈与）するということは、かつて自分が利他（贈与）された贈り物を「時間差をもってお返しすること」である。実家がお寺の永六輔さんが、一九七四年歌手デビューしたときの歌が「生きているということは」である。作詞は永さん、作曲は中村八大さんである。

以下に紹介をしておこう。まさに利他という贈与のパスワークについて、親しみやすく語っている歌詞なのである。

生きているということは／誰かに借りをつくること／生きていくということは／その借りを返してゆくこと／誰かに借りたら誰かに返そう／誰かにそうして貰ったように／誰かにそうしてあげよう

つまり利他＝贈与とは、かつて利他された贈り物をお返しするという「反対給付義務の履行」なのである。内田氏は「経済活動の基本原理そのものが『贈与と反対給付』」なのだと言う（前掲書、一四八頁）。贈与＝利他は、「『これだけのサービスを君にしたから、それの代価分のサービスを返してくれ』という等価交換モデルで考えている人には理解できない」（前掲書、一六四頁）営為なのである。

要するに贈与経済とは、自分の払った努力に対して、等価かそれ以上の剰余を求めるようなシステムとは異なるのである。あるいは時間差で支払われる代金（贈り物）の回収に対して、不払いになるのではないかと不安のあまり、ただちの同時交換をうるさく求める経済システムとも異なるのである。肝要なことは、自分の持てる知識や技能を、何の見返りも求めずに、時間差も厭わず、惜しみなく、他者に贈与、すなわち利他していく、つまり贈与のパスワークということなのである。

ところで初期仏教のお経に『大般涅槃経《だいはつねはんきょう》』がある。『ブッダ最後の旅』という書名で、岩波文庫（中村元訳）から出版されている。体調を崩して、いったん回復したブッダに、弟子アーナンダが「まだまだお聞きしたいことがあるのでよかったです」と喜んだ。その時ブッダはそんなアーナンダを戒めるのである。「わたくしは内外の隔てなしに（ことごとく）理法を説いた。完《まった》き人の教えには、何ものかを弟子に隠すような教師の握拳《にぎりこぶし》は、存在しない」（六四頁）。つまり仏教には、教えを握って秘密にするようなことはないとブッダは言っているのである。仏教には、もともと他者への無償の贈与つまり利他の思想がうめこまれているのである。

贈与のパスワークとは、学校教育における学びの構造にもあてはまるのではないだろうか。それは、生徒と教師の双方向的な関係はもちろん、生徒同士の関係においても成立するのである。教師も生徒から学ぶし、生徒は仲間の学びからも学ぶものなのである。「学び」とは、お互いに学び合うという双方向の営みなのである。つまり贈与のパスワークとは、誰かから誰かへの一方的なパスではなく、相互に展開されるワークなのである。

内田氏はここで「わらしべ長者」の例を持ち出す。ある一人の男が、最初に持っていた「わら」を次々と交換していって、最後は豊かな暮らしを手に入れる、という説話である。わら↓

アブが結びつけられたわらしべ→ミカン→反物→馬→屋敷といった具合である。「ある種の努力をしているうちに、思いもかけないところから、思いもかけないかたちで『ごほうび』が来る。それはまさに『思いもかけないもの』であって、努力の量に相関するわけじゃない」（内田・岡田前掲書、五五～五九頁）のである。

内田氏は続けて言う。「『オレはおまえのためにこれだけの贈与をしてやる。オレに感謝しろよな』って言って渡すような贈り物はあんまり回らないような気がする。あっちからパスが来たから、次の人にパスする。そうするとまた次のパスが来る。そういうふうに流れているんですよ。パスを出さないで持っていると、次のパスが来ない。来たらすぐにワンタッチでパスを出すようなプレイヤーのところに選択的にパスが集まる、そういうものなんですよ」（内田・岡田前掲書、一四九頁）。

②パスワークされる対象

ここで内田氏が指摘する人間関係の中に見い出せる贈与の対象とは、お金という〝もの〟や仏法や学者の研究成果という〝こと〟に止まるものではない。それは、一人ひとりの個人が発する小さなメッセージ（つぶやき）にまであてはまる。たとえば広島や長崎そして沖縄をはじめとした各地の「語り部」の方々が、そしてその後継者の方々が「体験」を語り継いでいくことは、引退されたり、既に物故された体験者から、生きる力、強いていうならば〝こころ〟を贈与されていくということでもあるのだ。こうして体験の語り継ぎというパスワークは、聞く側にだけではなく、語る側にも、何らかの「果」という形で「利他」されるのである。

そして宮沢賢治が追い求めた「ほんとうの幸せ」に繋げるならば、どこにどういうパスを出したら、世の中のみんなが「ほんとうの幸せ」になれるのかを常に意識している人は「良きパッサー」（前掲書、一五一頁）に成れるのである。大乗の菩薩とは「良きパッサー」なのである。

利他（贈与）を、六波羅蜜のひとつである「布施」に置き換えてみる。布施をしてもらった僧の方が、布施してくれた人に頭を下げるのではなく、布施をした者の方が、布施をするような気持ちにさせてもらった僧に対してこそ感謝の念から頭を下げるべきなのである。仏教ではそう考える。仏教の利他行は贈与経済の原理を内包しているのである。

ただし目先の利潤の最大化を第一義的に追い求める、今日の市場原理主義的な経済システムのもとでは、贈与経済は荒唐無稽な考えと映るかもしれない。

しかし「人間的成熟を促すための人類的装置」（前掲書、一五二頁）である贈与のパスワークは、「自分は未熟で、非力だから、成長しなくちゃいけないと思ってい」る人にこそ開かれているのである。そういう人のところには、次々に贈り物がパスされてくるのである。だからパスして欲しいと自分の思いの丈を、どんどん他者に対して、声を上げればよいのである。サッカーのパスワークを思い描いていただきたい。

ある児童養護施設の施設長さんが述べている。「人は一人では生きていけません。困った時に『助けて』と言える『優れた依存』が自立には大切です。」（堀浄信「一人じゃないじゃん」『本願寺新報』二〇二〇年九月一日号）。「優れた依存」とは、親鸞に倣うならば、この私が私自身の根源的な弱さに気づくことで、そこにこの自分をそのまますくい取ってくれる仏を感じとることができることなのである。そしてこの私は、その根源的な弱さにも真正面から向き合いながら、前へ進める強さ（自立）を得ることができるのである。

こうして大乗の利他とは、凄惨な自己犠牲的なものではなく、一切衆生にとって実践可能な贈与のパスワークであることが理解されよう。ひとはひとりで孤立しては生きていけない。他者と関係し合って生きていくしかない。利他＝贈与のパスワークは、そうした人間に必然的に埋め込まれた叡智だとも言えるのである。

その人の生産性が高いか低いかによって、一人ひとりが価値づけられる今日の社会では、その人の存在価値は、企業や組織に役立つことに特化されてしまうであろう。大乗の利他主義とは、自己を犠牲にしてまでも、自分は、社会、会社そして組織の役に立たなければならないといった強迫観念とは、全く無縁であることを強調しておこう。

③パスワークを支える人間関係

さて本節の最後に、贈与のパスワークを支える人間関係について述べておきたい。ここで突然だが、吉野源三郎『君たちはどう生きるか』（岩波文庫）の主人公「コペル君」に登場してもらう。

コペル君は叔父さんへの手紙に、自分が、ある「法則」を「発見」したことを、高揚感をもってしたためている。それは「人間分子の関係、網目《あみめ》の法則」と名付けられていた（八四頁）。その「法則」とは、「人間分子は、みんな、見たことも会ったこともない大勢の人と、知らないうちに、網のようにつながっている」（八七〜八八頁）というものである。

叔父さんは、その返信で、「本当の人間らしい関係」（九七頁）とは、「お互いに、好意をつくし、それを喜びとしている」ことであると記している。まさに、見返りの報酬を前提としない贈与のパスワークを支える人間関係を示すものと言えよう。

贈与のパスワークを支える人間関係（「本当の人間らしい関係」）とは、「人間分子の関係、網目の法則」に則ったものでなくてはならない。コペル君の「発見」した「法則」とは、まさに仏教の「縁起の理法」そのものである。存在するものとは、決して固定化された、変化もしない実体ではなく、因と果が相互に絡み合って、生成変化するものなのである。

だから仏教徒は、「縁起の理法」を破壊するような、つまり人びとを分断して、孤立化させるような政治的経済的な悪政には、声を上げて、立ち向かわなければならないと思う。私たちは、コペル君が「発見」した「人間分子の関係、網目の法則」を、戦争や貧富の格差の拡大で、ズタズタに分断、分解させてはならないのである。これは私自身が、吉野源三郎氏から贈与（パスワーク）されたメッセージである。

人びとが「人間分子の関係、網目の法則」すなわち仏教の「縁起の理法」を自覚して、それに則るならば、利他という贈与のパスワークは、新しい歴史を展望させてくれるであろう。「人間分子の関係、網目の法則」の「発見」は、個々人の分断と孤立化に替わって、見知らぬ他者同士が一致点を求めて、対話を重ね、連帯して課題を解決していく「本当の人間らしい関係」へと、人びとを導いてくれると思うのである。利他という贈与のパスワークは、目先の利益を最大化することのみに関心を集中して、他者を顧りみることなく、手段化するようないわゆる今日の新自由主義的な政策システムとは、そもそもの原理を異にするのである。

3　利他主義を支える「行」と「信」

（1）利他＝善、自利＝利己主義＝悪ではない

これまで述べてきたことをまとめてみよう。利他とは、見返りを求めないで、ひたすら贈与のパスワークを実践していくことである。「ひたすら」とは、「お金が貯まったら、利他しよう」とか、「社会的地位が上がって、時間に余裕ができたら利他しよう」といった条件の問題ではない。日常生活の作法として、定着しているということである。

私は先に、大乗の利他は、文学や哲学・思想とは違って「行《ぎょう》」と「信《しん》（心）」が伴う、ということを指摘しておいた。

ちなみに「行」と聞くと、大方の読者は、山に籠もって、滝に打たれるとか、断食をするといった「難行」をイメージされるかもしれない。しかしそうした難行は、毎日の生活に追われる在俗の庶民にとってはほとんど実行不可能である。だから浄土教系の始祖たちは、法然にしても親鸞にしても、難行に対して、称名念仏つまり「南無阿弥陀仏」を称える「易行《いぎょう》」の道を説いたのである。だから親鸞の浄土真宗では、「修行」という言葉はほとんど使わない。

私は、親鸞の教説を以下のように受けとっている。命終えるまで煩悩にさいなまされている この私は、この世では仏には成れないけれども、称名念仏という「行」を日暮らし、相続することで、文字通り心身共に浄化され、人格が「変容」され、この世では「仏に成るべき身に成っていく」（自利）こと、つまり人間的に成長していってこそ、自利は無意識な利他行へと結びついていけるのだ。

ここであらためて確認をしておこう。大乗仏教では、利他と自利は切り離せないのである。両者は、メダルの裏表の関係にあるのだ。それを大乗仏教では「自利利他円満」と表現した。

自利（自分が仏に成る・真実にめざめる）への関心だけでは、自分以外の一切衆生の不幸には目をつぶることになり、いわゆる「小乗」の教えになってしまう。さりとて自分が「仏に成る」ことをスルーしたならば、仏教とはいえない。だから「自利利他円満」（同時成立）なのである。

大乗仏教の「自利利他円満」とは、利他＝善で、自利＝利己主義＝悪といった、あれか、これかの単純な、世俗の道徳的二元論の立場からは導き出されないのである。大乗仏教の「利他」たる所以は、他者を発見して、他者に積極的に関わろうとすることである。大乗仏教の「利他」を、〝おせっかい〟と評した人がいたけれども、あながち的外れでもないと思う。「利他」を喜びとすることで、「自利」も確実なものとなっていくのである。逆に「自利」に確信が持てることが、「利他」を喜びとさせるのである。

大乗の利他は、他者の痛みを自分の痛みとして、他者の傷みを見過ごすことができないのである。それは、以前にも指摘をしておいたように、単なる同情心からではない。同情は、同情する私と同情される対象との二元的な関係を言い表す。つまり単なる同情は、同情すべき対象と自分との利害が関わらなくなれば、その行使はただちに中止されてしまうであろう。しかし大乗仏教の利他とは、客観的な条件がどうであれ、慈悲（共感共苦）の精神による、私と利他の対象との主客の一体化を言い表しているのである。

(2)「行信一如」

先に進もう。「自利利他円満」を支える「行」と「信」（信心）について、親鸞は、自利と利他が切り離せないように、行と信心は切り離せないということを「行信一如」と表現した。「如」とは真実の真理といった意味である。行と信の両者は切り離せない真理であるという意味である。

信をはなれたる行もなし、行の一念をはなれたる信の一念もなし

（「親鸞聖人御消息」『註釈版聖典』七四九頁）

実際に、信心が具わっていなくとも、南無阿弥陀仏と称える人は、いくらでもおられる。〝信なき祈り（念仏）〟などとは言葉の遊戯であって、自分の欲望をひたすら叶えてもらおうという、単なる現世利益《げんぜりやく》の祈願でしかない、と私は思う。だから宗教者には「真実の信心」とは何かということが求められてくるのである。

（3）親鸞における行と信の二元論

①称名念仏という「行」

浄土教系とりわけ親鸞においては、「行」とは、ひたすら南無阿弥陀仏の念仏を申すことである。すると、念仏を称えるだけといった行為は、はたして「行」と言えるのかといった声も聞こえてきそうである。そういう疑問を持たれる人にとっては、「行」と言えば、比叡山の千日回峰行とか常行三昧《じょうぎょうざんまい》あるいは水垢離《みずごり》や滝行などの過酷な行を想起されるのであろう。しかしここで思い起こして欲しい。ゴータマ＝ブッダ（釈尊）自身は修行途上で、肉体を酷使する苦行の道を放棄して、「中道」の道を歩んだはずである。

しかし簡単な「行」とも思える称名念仏は、私にしてみると真に難行なのである。どういうことか。以下に、浄土真宗本願寺派の学僧であった故信樂峻麿《しがらきたかまろ》師（元龍谷大学学長）の説を紹介しよう（『親鸞の真宗か　蓮如の真宗か』方丈堂出版）。

「私から仏に向かって称える私の称名（南無阿弥陀仏――服部）は、それがつねに仏が私へ向かって（「我が名を称えよ。おまえを決して見捨てずに、摂《おさ》め取るぞ」と――服部）呼びかけている仏の称名念仏（呼び声――服部）だと、心深く味わい聞けよと（親鸞は――服部）言われます。／すなわち、私の称名が、仏の呼び声として聞こえてくるようになるまで徹底して、（私が――服部）称名念仏せよということです。称名即聞名《しょうみょうそくもんみょう》の教示です」（前掲書、三四頁）。

ここで私のように、たとえ得度をして僧侶になったとはいえ、私はさとりのゴールに到ったわけではない。煩悩醒めやらぬ凡夫《ぼんぶ》にとって、私が声を出して称える南無阿弥陀仏は、あくまでも私の声としてしか聞こえてこないのである。念仏を称えるだけで自分は本当に浄土へ往生できるのだろうか、疑問は尽きない。そのような思いを抱きながら、念仏を毎日、日暮らし、相続していくことは、私にとっては易行どころか難行なのである。

信樂師はここである例を私たちに示してくれる。幼児が母親に向かって「お母さん」と呼びかけるのと同じだというのである。幼児は「自分で考えて」、「お母さん」と呼ぶようになったのではない。「母親の愛情が、その幼児に伝えられ、その愛情が、幼児に受け入れられたからこそ、『お母さん』と呼ぶようになったのです。だから、幼児が母親に対して、『お母さん』と呼ぶのは、母親がその幼児に対して、自分を名のっている、母親の幼児に向かう呼び声にほかなりません」（前掲書、三四頁）。

以上の信樂師のたとえを親鸞的に言い換えるとどうなるのか。これまでにも紹介をした阿満利麿氏は、『行動する仏教――法然・親鸞の教えを受け継ぐ』で次のように記している。「『念仏』は人間が起こすところの修行ではない。なぜか。その理由は、『念仏』が阿弥陀仏の工夫になる『行』だという点にある。『わが名を称せよ』という要請は阿弥陀仏が設けたことである。人間が成仏の手段として開発、発明したことではない。もっぱら、阿弥陀仏の工夫にかかる。ということは、私が『南無阿弥陀仏』と称することは、同時に阿弥陀仏が私のなかではたらいていることを意味する。阿弥陀仏が私のなかではたらく相《すがた》が『念仏』にほかならない」（一三二頁）

したがって、私が仏に向かって「南無阿弥陀仏」と称名念仏するようになったのは、「自分の力によるものではありません。大きな仏の慈悲の働きかけによって育てられてこそ」、私が称名念仏するようになったのだから、「私の称名念仏は、仏の私に対する、仏の名のりの声」として聞かれるべきだと信樂師は強く説くのである（信楽前掲書、三五頁）。

ここで言う「仏」を、先ほどのたとえにあてはめるならば、愛情をこの私に一心に振り向ける「母親」にあてはまり、私の称名念仏は、幼児の「お母さん」という呼び声にあてはまるのであろう。

以上のように私の称える念仏が、そっくりそのまま、仏の私に対する仏の呼び声として聞かれるときに、「聞名《もんみよう》」（南無阿弥陀仏という名号を聞く）という体験がなされたことになるのである。信樂師によれば、その聞名という体験が、そのまま信心体験になるというのである。

この私が称える南無阿弥陀仏の念仏が、仏の声として聞こえてくるとは、実は仏法における真実の教えに、この私が深く納得して、頷くことなのだ。しかしその頷きは、ただちに果たせられるものではない。したがって煩悩にまみれた、迷い多き私にとって、称名念仏は易行どころか、難行苦行なのである。親鸞自身も記しているように、まさに「難中之難無過斯《なんちゅうしなんむかし》（難の中の難これに過ぎたるはなし）」（「正信偈」『註釈版聖典』二〇四頁）なのである。

②親鸞の「信心」

親鸞の「正像末和讃《しょうぞうまつわさん》」第三四句の左訓（『註釈版聖典』六〇六頁）には「信じる心の出でくるは智慧のおこるとしるべし」とある。「和讃《わさん》」とは、和語で仏教の教義を讃嘆《さんだん》する、七五調の詩歌のことを指す。また左訓とは、親鸞自身が自著本文の左側に記した注記を指す。

さて親鸞のこの注記に込められた思いを、信樂峻麿師の釈を借りながら確認してみよう。南無阿弥陀仏の念仏を毎日、日暮らし継続して相続していけば、心が澄みわたってくるというのである。そうすると今まで見えてこなかったことや気づかなかったことに、この私が思い当たる。こうした気づき、あるいは思い当たりを親鸞は、仏教的な意味において「智慧」と表現した。信樂師はこのような気づき、思い当たりの体験を「めざめ体験」と言い表している（前掲『親鸞の真宗か　蓮如の真宗か』二二頁）。つまり信心とは智慧であり、信心が興るとは、この私の「めざめ体験」なのである。

この私がめざめるとは、何かに対して対象的に私が知る（分かる）という二元的な認識ではなく、気づく私と気づかされる私は「二元的」であるのだ、と信樂師は強調する（前掲書、二一頁）。つまり信心を得るとは、あるいは信心が興るとは、自分の外に、何かある対象物を設定して、それをやみくもに信じ込むことではないのである。先に問題提起をしておいた真実信心の人には、「鰯の頭も信心から」はあてはまらないのである。

私事にわたるが、私の「めざめ体験」を述べてみたい。私の母親が亡くなった頃は、まだ認知症とかアルツハイマー病などという言葉は一般には流布されていなかった。最晩年の母はよく怒っていた。「私の部屋のタンスからモノを盗むな！」。没後遺品を整理していたら、タンスを含めて家具の一段一段に「盗むな」という紙切れが入っていたのである。私はそういう母に腹を立てて、ひとをドロボー呼ばわりするな、とよく怒鳴ったものである。生前から気の強い人だったので、私は母の性格のなすところだと思っていたのである。そのような母が、敷き布団に足を取られて転倒して、脊椎の圧迫骨折で入院することになったのである。入院が長引くにしたがって、母の表情は乏しくなり、口もきけなくなっていったのである。栄養剤の点滴を取ってしまうので、手袋をはめられ、拘束されている母を見るにつけ、やりきれない思いにかられたものだった。見舞いを終えて、ベッドの脇を離れる私をじっと見つめているだけの母であった。

母の死後、認知症とかアルツハイマー病とかの言葉も一般化されていくようになり、仏壇の前で念仏を称えているると、母は病気だったのだとあらためて気づかされると同時、理解してあげられないで、怒鳴ってばかりいた私自身の親不孝の業に、はたと気づかされたのである。言い合いになるのも面倒で、一切の対話を拒否していた私であった。夫に先立たれていた母は話し相手もなく、一人部屋に籠もって、さぞや寂しかったのだろう。それに気づいて、私は仏壇の前でずいぶん涙を流したものだった。

親不孝とは、自分の言い分や立場にのみ執着して、母親の立場に一切思いをいたさなかった自己本位性、自分中心性にあったことに気づかされたのである。自分が親不孝であったという「影」に気づくことで、親の愛情（「光」）をありがたく思えるようになったと言っても良い。これは誰でもが経験することなのかも知れない。

それはちょうど、太陽の光をたくさん浴びるほどに、人の影がはっきり見えるという構造と同じである。信心という「めざめ体験」とは、そうした太陽の光と影の関係のような構造に気づくことなのである。親鸞は、こうした気づきを「智慧」と言い表したのである。

私が幼少期、風邪を引いて、鼻水で鼻が詰まってむずがっていたときなど、母が口で鼻水を吸ってくれたことなど、とんと覚えていない私である。私は自分だけの力で、ここまで生きてこられたのではないのである。こうして母親の愛情に気づいた結果、私は死者（母）と「出会い直し」（中島岳志「死者・デモクラシー・無縁」『ぼくらは未来にどうこたえるか』所収、左右社）を果たすことができたのである。

私はここで、ただひたすらに自分の至らなさを責める、自虐的で単純な自己否定を「めざめ体験」として、勧めているのではない。そういう自分の至らなさや過ちを認識できるようになることが、そのまま仏の目当てに適って、この私は救われるのだということを、親鸞は衆生に向けて知らしめたのである。自己認識と救済の論理は、どちらも欠けてはならない表裏一体の構造となっているのである。つまり私の「めざめ体験」とは、親鸞的に言うならば、私が生きていく仏道（信心）の道理を言い表したものなのである。

したがって私の母親との関係における「めざめ体験」を実生活にあてはめた場合、自虐的に自己を否定して、悔いるばかりで自分の主張を押さえ込み、殻に閉じこもって、既成の価値に従えと言っているのではないことをあらためて確認しておこう。この私は、「めざめ体験」によって、それまで気づかなかったことを思い知らされて、古い自分の殻を脱ぎ捨てることができたのである。そうして、あらためて亡き両親との「出会い直し」が果たされ、自分の「生」を強く肯定できるようになった、ということなのである。

この自己肯定感によって、自分自身が固有の尊厳性をもった存在として実感できるようになったのである。その結果、私の他者への利他（共感共苦）も、それこそ上から目線ではなく、自然になされるようになったのである。こうして私は、他者もこの私と同じく、固有の尊厳性を持った存在であることに気づくのである。「めざめ体験」すなわち信心とは「自己肯定感」をしみじみと実感することでもある。

以上のような私自身と母親との関係についての思いを、信楽峻麿師は適切に言い表してくれている。「私の生命の中に親の生命が生きており、親の生命の中にこそ私の存在があると知れた時に、はじめて親の愛情、その恩義がありがたいとわかってくる」（『真宗の本義』法蔵館、四二〜四三頁）。信楽師は、信心が智慧であるということを、「主体的、主客一元論的な仕組みにおいて成り立つ、『めざめ』の境地」（前掲書、四三頁）であると強く説かれている。信心とは、どこかに漂っている何かの〝もの〟の存在を、ひたすら信じ込むことではないのである。だから私の自己中心性に起因した親不孝（影）と親の愛情（光）との関係に気づいた、私自身の「めざめ体験」という信心は、私にとっては「智慧」が興ったことに他ならないのである。

③「仏に成るべき身に成る」

親鸞は私たちに、こうした「めざめ体験」を経て、「かならず仏に成るべき身となれるとなり」ということ示してくれているのである。小見出しの言葉は、親鸞の『一念多念文意《いちねんたねんもんい》』の中の「正定《しょうじょう》の聚《じゅ》に住《じゅう》す」に添えられた左訓（注記）である（『註釈版聖典』六八〇頁）。「正定聚」とは、「必ずさとりを開いて仏になることが正（まさ）しく定まっているともがらのこと」（『浄土真宗辞典』本願寺出版社、三五三頁）である。

煩悩多くして、罪業深きこの私は、この世ではさとりを開いて、仏と成ることはできないけれども、この世で真実信心を得たならば、命終わるや否や、ただちに浄土に往って、仏に成る身に成っている、というのである。

まさに仏教とは、この現世で真実信心を得て、まっとうな人間に成り続ける教えなのである。親鸞にとって真実信心は、称名念仏という「行」に支えられてこその信心なのである。以上述べてきたところのことが、「行信一如」あるいは「行と信の一元論」ということの実相である。

こうして心が澄んだ、真実信心に満たされた新しい人生の下では、利他の実践も、何らの損得勘定抜きに、無条件になされるであろう。親鸞の浄土真宗では、現生《げんしょう》（この世）で得られる利益《りやく》とは、宝くじが当たりますようにと、仏像を拝むといった現世利益《げんぜりやく》を目指すものではなく、真実信心を得て、正定聚つまり「仏に成るべき身に成る」ことを指すのである。

第7章

宮沢賢治と『法華経』そして浄土真宗

1　賢治を取りまく宗教環境

賢治を取りまいていた宗教的環境については、栗原敦氏の「宮沢賢治の仏教とはどのようなものであったか（上）――『法華経』との出会いまで――」（『実践国文学』第八〇号、二〇一一年）に詳しい。

賢治の幼少期では、母イチや父政次郎《まさじろう》の姉（伯母）ヤギらの女性たちの感化で、浄土真宗の伝統的な信心感覚を身につけていたようである。篤信の門徒が必ず称える「正信偈《しょうしんげ》」を、三歳でそらんじていたことは先に紹介をしておいた。

イチは子供たちを寝かしつけながら、「ひとというものはひとのために何かしてあげるために生まれたきたのス」と語り聞かせていたのである。母にしても伯母にしても、彼女たちは親鸞の教理を思想的に深めていたというよりは、伝統的な真宗の信心表現の日常で生活をしていたと言うべきであろう。

他方で父政次郎は、真宗大谷派の内部改革を問うて、信仰の内面化を求めた清沢満之《きよざわまんし》や暁烏敏《あけがらすはや》らと関わりを持っていた。清沢や暁烏は明治に入って、教団内で禁書扱いになっていた『歎異抄』を世間一般に広めたことでも知られる。その父の関係で、賢治一〇歳の頃には、一家をあげて暁烏が講じた大沢温泉夏期仏教講習会にも参加している。しかし青年期の賢治は、他宗派たとえば曹洞宗の寺のみならず、盛岡のキリスト教の教会にも出入りをしていたようなのである。

一方卒業生のほとんどが上級学校を目指す名門の盛岡中学を卒業するにあたって、父たちの反対にあって、悩み煩悶した賢治であった。商人に学問はいらないというのが、父たちが上級学校進学を認めなかった理由である。

こうして悩みを深くしていたこの時期、大正三（一九一四）年の秋、たまたま島地大等編著『漢和対照妙法蓮華経』と出遇ったのである。先述したところである。結局賢治は翌大正四年四月、盛岡高等農林学校農学科第二部（後に農芸化学科に改称される）に入学することができたのである。落ち込んでいた賢治の姿を見るに見かねた父の配慮もあったのだろうと思う。

賢治が、『法華経』に帰依していった教理的、内在的な理由について、賢治自身が詳しく書きとどめている資料を、私は目にしていない。賢治はもともと宗教的な感性が鋭い人であったことは確かであった。それに加えて、父親らの家父長的な環境への反発もあったのだろう。ただそのことが、宮沢家が信心していた浄土真宗への帰依を受け入れなかった決定的な理由であったかどうかは定かではない。栗原敦氏は前掲の論稿で、「法華経との出会いが、日蓮信仰や国柱会への入会へと結びつく経緯には不明なところ」があると述べている（前掲論稿「宮沢賢治の仏教とはどのようなものであったか（上）――『法華経』との出会いまで――」九九頁）。

ちなみに賢治が国柱会へ入会したのは、賢治二四歳の一九二〇（大正九）年の一二月であった。賢治は、翌大正一〇年一月、両親の改宗が思うに任せず、突然上京し、国柱会本部を訪ねている。本郷菊坂に間借りをしながら、赤門前の文信社で筆耕のアルバイトをしながら、午後は街頭布教などを精力的にこなしていた。

つまり『法華経』のどこに激しく感化されたのか、その内在的な言葉が残されていないので、これまでも多様な解釈がなされているようである。ただ宮沢清六『兄のトランク』には、賢治が、法華経の「如来寿量品《にょらいじゅりょうほん》」を読んで大変な感動を覚えて、「身体がふるえて止まらなかった」と記されている（栗原前掲書、九八頁）。

賢治が『法華経』を受け入れた感覚的な実感は、もれなく一切衆生を救うという阿弥陀仏の誓願に信を置く浄土真宗と、その方向性においては「さほど変わるものではない」（栗原前掲書、九八頁）、と私は思う。たまたま『法華経』との出遇いが、進学の可能性が閉ざされかかっていた時期と重なり合っていたのであった。希望もしない家業を担わなくてはならないかもしれないというやりきれない思いに加えて、体調も思わしくない時に、たまたま出遇ったのが『法華経』であったのである。賢治は『法華経』に、そうした諸々のくびきからの解放を見いだそうとしたのかもしれない。

2　賢治にとっての『法華経』

『法華経』はなんとも魅力的な経である。全二十八章（個々の「章」のことを「品」と書いて「ほん」とも「ぼん」も読む）は、まことにドラマティックな「喩え話」で構成されている。時間的にも空間的にも無限の宇宙的なドラマ仕立てになっている。たとえば数の単位が半端ではない。何十ものガンジス河の河すじの砂粒の数と同じだけの菩薩たちが、地下から湧き出てくる、とかである（「従地涌出品《じゅうじゆしゅつぼん》」）。ただ本書は『法華経』の解説本ではないので、賢治が感動したという「如来寿量品」を中心としながら、賢治との関わりを探ってみたい。

『法華経』の後半十四品では、仏滅後の菩薩たちのあり方が説かれている。『法華経』前半部の最終章である「安楽行品《あんらくぎょうぼん》」では、仏滅後の悪世においては、『法華経』を説く人は、「愚かな者たち」によって、「侮辱《ぶじょく》や、罵詈《めり》、棒による威嚇《いかく》を」受けるけれども、「私たちは耐え忍びましょう」（植木雅俊訳『サンスクリット版縮訳　法華経』角川ソフィヤ文庫、二二七頁、ふりがなは翻訳者）と、菩薩たちは唱和するのである。こうして『法華経』の担い手として登場するのが地湧の菩薩たちなのである。この「従地涌出品《じゅうじゆしゅつぼん》」から「如来寿量品《にょらいじゅりょうぼん》」へと続くあたりが法華経の核心部分となる。

「如来寿量品《にょらいじゅりょうぼん》」は「医子の喩え」（松原泰道『法華経入門』祥伝社）とも「良医病子の喩え」（植木雅俊前掲書）とも呼ばれているものである。「いつまでもあると思うな、親と金」などということわざにつながる、一見すると単純な道徳訓のようなのである。しかしこの喩え話しが示唆するところは、肉体を持った歴史的な釈尊から、歴史を超絶した永遠の真理（法＝ダルマ）の象徴としての釈尊への、信仰の「転身」が説かれている、というのである（松原前掲書、二五二頁）。

　大乗仏教では、他者と関わり続けることが菩薩の行であることが説き明かされるのである。「常不軽菩薩品《じょうふきょうぼさつぼん》」では、「私は、あなたがたを軽んじません。あなたがたは、軽んじられることはありません。理由は何か？（略）（あなたがたが菩薩としての修行を続けるならば――服部）あなたがたは、正しく完全に覚った尊敬されるべき如来になるでありましょう」（前掲植木訳本、三一〇頁）と、出家在家を問わず、かつ男女を問わずに、人びとを礼拝し続ける菩薩を登場させている。こうした菩薩たちは、まさに賢治の「雨ニモマケズ」の「デクノボー」を彷彿とさせるものがある。

　さらに賢治との関わりで言えば、捨身供養を説いた「薬王菩薩本事品《やくおうぼさつほんじぼん》」も賢治の自己犠牲的な童話づくりに、影響を与えていたのかも知れない。

　平安時代、比叡山で広く実践された行は、『法華経』の読誦《どくじゅ》によって、自らの罪を懺悔し、心を浄化させていくというものであった。こうした苦行に近い菩薩行を実践して、「呪術的な力を頼みとされた」法華信仰者たちの流れに日蓮もいたのである（末木文美士『仏典をよむ』岩波書店、七七〜七八頁）。他者と関わり続ける菩薩たちの激しい実践に、賢治が魅了されたことは大いにあり得る。

さらに言えば、賢治の宗教的にも、文学的（詩的）にも特異な才能と、『法華経』の持つ壮大なドラマとが結びついて、賢治文学の世界が成り立ったのだろう。たとえば『法華経』「見宝塔品《けんほうとうぼん》」に登場するのが、無限の遠く彼方、東方の宝浄国に過去に出現して、多宝塔に坐し続けている多宝如来（ミイラ仏？）である。その多宝如来の招きに応じて、「釈迦仏は、その宝塔に入り、多宝如来と並んで坐る。（中略）いわば、生者である釈迦仏は死者である多宝如来と一体になることにより、（何だかアニメの主人公っぽいが）合体・変身して巨大なパワーを発揮することになる。それが如来寿量品の久遠の実仏なのである」（末木前掲書、七五頁）。

「死者と生者の力を合体させた『法華経』の仏と、「その仏と関わっていく地湧の菩薩の激しい実践は、平和な安らぎをもたらす類いの仏教とは別種の魅力をもって迫ってくる」（末木前掲書、七八頁」。末木氏がここで指摘をする「平和な安らぎをもたらす類いの仏教」が、賢治にとっては浄土真宗であったとするならば、『法華経』に出現する「菩薩の激しい実践」は、賢治に浄土真宗とは「別種の魅力をもって迫っ」たのだと思う。法華信仰者の激しい菩薩道に魅入られた賢治が、捨身の自己犠牲的な物語の創作に繋がっていったことはあり得ることだろう。

3　浄土真宗は死後の宗教ではない

（1）賢治の浄土真宗への通念

『法華経』は上で紹介したように、「時間と空間を自由に駆けめぐる壮大なドラマである」（末木前掲書、六四頁）。賢治がたまたま出遇った『法華経』は、当時の賢治が抱えていた苦悩から解放してくれる存在であり、その解放の論理を実感させてくれるものであった。

換言するならば、浄土真宗あるいは親鸞の教説に対しては、賢治はその教義を深く論究した上で拒絶あるいは忌避に到ったのではない、と思うのである。『法華経』の壮大なドラマ性が、賢治の文学的、宗教的なセンスに、まさにフィットしたのである。

だから栗原敦氏は前掲書で次のように述べている。賢治二二歳、大正七（一九一八）年の盛岡高等農林学校卒業まで「特定宗派への帰依という構図は」「具体化しない」のである（九八頁）。したがって先に指摘をしておいたように、一九二〇年一一月に国柱会に入会するに到る内在的な「経緯はまだ不明」（栗原前掲書、九九頁）というのが現在のところの研究的な到達点なのであろう。

賢治が幼少の頃より慣れ親しんでいた浄土真宗の称名念仏による「救済」の論理と、『法華経』で説くところの、存在するあらゆる事物は真理のありのままの姿の現れであるとする「諸法実相」とが、「無矛盾なものとして重ねられ、やがて（賢治の――服部）社会的使命感が奉仕と菩薩道の実践として（賢治の――服部）地上を生きる意味に」なっていったという、栗原氏の指摘（前掲書、九九頁）には頷かされる。

前述してきたことは、賢治が、親鸞の教義を徹底して論究した結果として、浄土真宗を忌避したのではないということなのである。現代風に言えば、浄土真宗は賢治にとって、フィットしなかったのである。逆に言えば、『法華経』は賢治にはフィットしたのである。つまり賢治は、浄土真宗につきまとう、世間的な通念によって、この宗派に疑念を抱いていたのかも知れないのである。その通念なるものとはなにか。

それは一言で言うならば、「あの世主義」とでも表現せざるを得ない、賢治をとりまく一族も含めて、一般門徒の信仰姿勢だったのではないか。私たち罪悪深重《ざいあくじんじゅう》の凡夫は、死後の浄土でしか救われないのであって、この世ではひたすら南無阿弥陀仏の念仏を称えるばかりである、という通念である。つまり浄土真宗は死後の宗教なのか、ということが問われているのである。

浄土真宗には、巨大なパワーを発揮する仏に関わる無数の菩薩たちの激しい実践という『法華経』のドラマとは「別種」の、「平和な安らぎをもたらす」（末木文美士前掲）仏教といったイメージが、つきまとうのである。つまり賢治は、浄土真宗に、ある種の非実践的あるいは非社会的な匂いを感じ取っていたのかも知れない。もしそうであるならば、誤解は解かねばならない。

現代を生きる青年たちに向かって、「阿弥陀如来さまは、この世から遙か遠い西方浄土で、私たちに向かって、あなたたちを見捨てずに、必ず摂取するぞと呼びかかけてくれています。だからその呼びかけに応えて、感謝の念仏をいたしましょう」と説いても、青年たちは「どうぞご自由に」と、敬して遠ざかるだけだろう。仏にしても浄土にしても、生身の私たちからしてみれば、形なく、色もないのだから、誰もその声を直に聞いたこともない仏の呼び声に、応えようがないというわけである。

仏教は、仏や浄土の存在証明を、理性で解決しようというものではない。仏教は、「無記」といって、形而上学的な問いには答えないのである。さりとて仏教は、二世紀のキリスト教神学者テルトゥリアヌスの〝不合理ゆえに、われ信ず〟とは根本的に原理を異とする。

仏教は、キリスト教で言うところの創造神を前提としない。キリスト教では、衆生は神（GOD）にはなれないが、仏教は、すべての衆生が「仏」になることを目指すのである。そういう意味でキリスト教は、神とこの私という二元的な世界で展開されるが、仏教は、この私が仏に成るという一元的な論理に徹していると言えよう。

だから本来仏教は、とりわけ親鸞においては、現代のパワースポットなどは容認しない。親鸞に従うならばパワースポットは宗教ではない。パワースポットは、自分の欲望を実現してくれるとされている呪術的空間である。呪術は、「あの世」と「この世」という二元的な世界を設定する。「あの世」の何かのパワーに祈願するのである。このようにこの私が、何かに祈願する、つまりひたすら「たのむ」ということであれば、私は主体性を喪失した、まったくの受け身の人生生活を送ることになる、と親鸞は説くのである。

では、とりわけ念仏の仏教者は、賢治が感じ取ったかも知れない、浄土真宗は非実践的あるいは非社会的であるといった「通念」に対して、どのように応えるべきなのだろうか。「煩悩具足の凡夫、火宅無常の世界は、よろづのこと、みなもてそらごとたはごと、まことあることなきに、ただ念仏のみぞまことにおはします」などと『歎異抄』の一節（『註釈版聖典』八五四頁）を口ずさんで、眼前の同時代の課題に関わることなく、沈黙をして、自己完結、いや自己満足していて良いのだろうか。「火宅無常の世界」とは、迷いや煩悩にまみれた人間たちの、この世俗社会を指す。その世俗社会では、念仏だけが真実で、世俗のすべてのことは真実ではない、という意味である。

『歎異抄』の先の文は、世俗の権力に拝跪することなく、そうした権力からの一律化の強制や同調圧力にもたじろぐことなく、世俗の価値を相対化していくことの意義を表明しているものなのである。したがって、自分の殻に閉じこもり、世俗（他者）との関係を断ち切って、ひたすら念仏を称えていれば良いなどと説いているのではない。

（2）「古き自己との決別」――今、ここでの利益

親鸞の教え――浄土真宗が、死後の宗教ではないことのキーポイントとは何か。親鸞の言説に依るならば、「信心」と「この世」での生き方とが、ピッタリと重なり合っているかどうかなのである。

阿満利麿氏は「信心は、人間であることの愚かしさや、限界を噛みしめてはじめて開かれてくるのです。自分への疑いや問いが、信心への出発点となるのであり、やみくもに修行に励んだり、まず何かを信じることが先にあるのではないのです」（前掲『信に生きる』一〇頁）と述べている。

法然－親鸞の流れで言うならば、罪悪深重《ざいあくじんじゅう》で迷い多き「凡夫《ぼんぶ》」としてのこの私に対する私自身の深い内省が信心への出発点となるのである。そして信心を得ることによって、今まで見えてなかった真実のあり方に思い当たる、あるいは気づくというわけである。先に引用をしておいたように、信楽峻磨氏は「信心」が開かれることを「目覚めの体験」と言い表していた。こ

の気づき――目覚め体験は、親鸞によれば、日暮らし相続される南無阿弥陀仏の称名念仏によって促されるのである。

「親鸞にとって関心があるのは、肉体の死」ではない。めざめ体験による信心を得ることで実感できる「古き自己との決別」なのである。「『凡夫』であることに死に」、新しい自己へと「生まれ変わる再生が重要な意味をもって」いるのである（阿満前掲書、一一二頁）。

こうして親鸞にとって、真実のあり方にめざめ、思い当たって信心を得た人は、この現世では、今・ここで、先に述べたように「仏に成る身に成る」という利益《りやく》を得ることができるのである。この現世で得られる利益ということで言えば、「浄土への往生」は既に「この世」で決定している（阿満前掲書、一一三頁）ことなのである。ここに「仏と私、私と仏の一体の人生行路が始まっていく」のである（信樂前掲書、一二八頁）。

命終わるまで煩悩にまみれた、自分中心でしか物事を考えられないこの私は、この世では仏には成れないが、信心を得たならば、必ず仏になることは決定《けつじょう》している（「正定聚《しょうじょうじゅ》」という言葉を思い起こし欲しい）のである。だから現世では、仏に等しい境地（「等正覚《とうしょうかく》」）に立てると親鸞は説くのである。

この肉体が死んでから後で、浄土という「あの世」でしか救われないとしたならば、浄土は遠くなるばかりである。それこそ親鸞の教えは、死後の宗教になってしまう。

賢治が追い求めた「ほんとうの」幸せは、親鸞的に言い表すならば、「古き自己との決別」の上に成り立つところの、この世での生き方である。上に述べてきた信心が、新しい自己への再生に繋がらずに、もっぱらあの世の「もの」に、自らの救済をひたすら祈願して頼むのであれば、それは呪術や占いと変わりがなくなってしまうであろう。

親鸞の教説は、非主体的な〝ありがたや宗教〟ではない。親鸞にとって仏道を歩むとは、他力の信心という生きるバックボーンを得て、仏に成るべく、この世では人間として成長し続けることであった。以下に親鸞が、僧侶や俗人（「道俗」）を問わずに、自分の果てしない欲望の実現を祈願する、呪術や占いを選んでしまう当時の世相を嘆いた和讃（和語の詩歌）を紹介しておこう。

かなしきかなや道俗《どうぞく》の
良時《りょうじ》・吉日《きちにち》えらばしめ
天神《てんじん》・地祇《じぎ》をあがめつつ
卜占祭祀《ぼくせんさいし》つとめとす

（『正像末和讃』「愚禿悲嘆述懐《ぐとくひたんじゅっかい》」、『註釈版聖典』六一八頁）

親鸞においては、呪術は、自己を深く省みることのない、欲望のがむしゃらな実現を図る行為なのである。

4　阿弥陀仏と浄土は、釈迦のさとりの象徴表現

仏教の「諸法無我」の教えに従えば、阿弥陀仏も浄土も、何か実体的な存在として「ある」のではない。結論から言えば、浄土も阿弥陀仏も、釈迦の「さとり」の内実、つまり「真実のあり方」を象徴表現したものなのである。仏や浄土を語るとは、「ある」とか「ない」とか、という問題ではないのである。つまり阿弥陀仏と浄土の世界とは、仏教と縁を結んだ人が思い当たる世界とも言えるのである。仏教はカルトとはちがう。私が納得したいことは、浄土や阿弥陀仏の存在という事実（もの）ではなく、それらが象徴している意味（こと）なのである。

信樂峻麿師は前掲『親鸞の真宗か　蓮如の真宗か』の中で、阿弥陀仏と浄土について、以下のように述べている。「永遠のお釈迦さまを、人格的にシンボライズしたのが阿弥陀仏であり、その場所的なところが極楽浄土だという」のである（七九頁）。「浄土」の構想については、大乗仏教の興りを歴史的に振り返ってみるならば、「お釈迦さまを慕う在家信者たちが、お釈迦

さまの墓である仏塔を次第に永遠化、理想化する中で」生まれたものなのである（二一三頁）。

釈迦がさとった真実のあり方は、この世俗の言葉では表現などできないと、当の釈迦自身によっても認識されていた。だから釈迦はそのさとりの内容を広く説法することを躊躇していたのである。それを梵天の要請を受け入れて翻意し、説法することになったという伝説は、「梵天勧請《ぼんてんかんじょう》」として知られるところである。だから阿満利磨氏も「色や形もない、言語を絶した仏が、衆生のために、かりに、象徴的なすがたをもって出現した仏の一つ、それが阿弥陀仏だということです」と述べている（『信に生きる――親鸞』、中央公論新社、一一五頁）。

「仏《ぶつ》」とは、釈尊がさとった真実の内実が象徴的な姿として、私の意識の中に現れたのだから、この私の信心とは、私の外にある何か「もの」を対象的に、無理矢理信じ込むことではない。先にも強調しておいたが、親鸞によれば「信心」とは、私自身に「智慧」が「おこる」ことなのである。つまり「信心」とは、真実のあり方に、この私が思い当たり、気づき、心底納得することなのである。

煩悩にまみれ、その煩悩を捨てきれないこの私は、この世では仏には成れないけれども、上に述べた信心を得たならば（信心を「開発《かいほつ》」すると表現する）、「古き自己との決別」がはかられ、新しい自己の「再生」がなされるのである。つまり「この世」で、確実に「仏に成る身に成る」ことができるのである。そのことを親鸞は「正定《しょうじょう》の聚《じゅ》に住《じゅう》す」と表現したことは先に紹介をしたとおりである。

したがって「この世」における仏道とは、この命終わるまで「仏に成る身に成る」ことを確実に深めていく毎日なのである。その毎日とは、浄土真宗で言えば、南無阿弥陀仏を称える称名念仏を継続していくことである。

第8章

大乗仏教の社会性

——宗教と政治

宗教と政治に関わる問題と言えば、政教分離、靖国問題、さらに言えば天皇制との問題などが直ちに思い浮かぶ。現代におけるこれらの重要な課題については、学問的にもそれぞれ先学が貴重な財産を残しておいてくれている。

小著では別の角度から、「仏教と政治」の課題に迫ってみたいのである。その課題とはなにか。結論を先に述べれば、宗教者は政治的な課題に、とくに運動論的に関わりを持つことは厳に戒《いまし》められなければならないのか、という問題である。私自身の一貫した問題意識でもある。

たとえば私自身が宗教者の立場から法衣・輪袈裟を身につけて、憲法九条を守れ、という集会で発言をしたり、街頭でビラを撒いたりしていると、宗教者が政治活動に関わって良いのかといった疑問が寄せられたり、直接に叱責を浴びせかけられる場合もある。あるいは、他力の信心に生きる者は、ただ念仏を申して、我が身そのままでの救済を願うばかりであることを心しなさいと「助言」を賜ったこともある。

そもそもこの世俗社会の一員として、毎日の生活を送っている、個人でもある宗教者が、目の前の現実社会との関係を絶つことなどできるのであろうか。古代ギリシャの哲学者アリストテレスではないが、「人間は生まれつき政治的動物」なのである。しかも仏教の慈悲（共感共苦）を説く宗教者（念仏者）が、衆生の苦しみのただ中に入っていかないなどということは、それこそ偽善ではないのか。そのような思いを込めて、相手には応答するのだが、私に苦言を呈する方々にとって、政治は、自分とは無縁な永田町の出来事と映っているのかも知れない。他者との対話は大事にしたいものである。

本章では、大乗仏教の利他行をキーワードとしながら、宗教に内在する論理によって「宗教と政治」の課題に取り組んでみたいのである。

1　利他と「還相回向」

これまで度々出てきた「利他」という言葉について、その意味をあらためて確認しておこう。「利他」とは、もともとは「仏」の活動を指す言葉であった。「他」すなわち衆生を「仏《ぶつ》」にならしめる（利益《りやく》する）仏の慈悲のはたらきを指すのである。

一方この私が得度をしたのは、父親をはじめとして私に連なる人たちやさまざまな条件である「縁」のはたらきの中で果たすことができたのである。つまりその人たちからの「利他」によって、私は得度へと導かれたと言ってもよい。したがって本書では、利他とは、私がこれまで指摘をしてきたように、人間関係の中で、人びとの間で交わされるメッセージをはじめとした諸行為の贈与をパスワークしていくこと、というように広く捉えておきたい。

私の場合、とりわけ父親が、この私をして仏道を歩ませるきっかけを与えてくれた（利他してくれた）といってもさしつかえない。今、父親はこの現世を生きているわけではない。すでに浄土に成仏した者が、仮に菩薩に姿を変えて、ふたたび娑婆世界に還り来て、迷える衆生（この私）を仏道に向かわせるという利他のはたらきを、親鸞は中国の高僧曇鸞《どんらん》（四七六〜五四二）の言葉を用いて「還相《げんそう》」の活動と呼んだ。そのはたらきが阿弥陀仏の「本願」の力によって与えられた慈悲行という意味で、親鸞は「還相回向《げんそうえこう》」と示したのである。

「回向」とは、「めぐらし、さしむける」という意味である。また「本願」とは、法然・親鸞の流れで言えば、阿弥陀仏が法蔵菩薩として修行中に、衆生救済のために立てた四十八の誓願のうち、とくに第十八願が衆生救済の根本の誓願という意味で本願と言われるのである。この四十八の願は、法然‐親鸞に連なる教派の根本聖典とされている『仏説無量寿経』において説かれている。以下に第十八願の現代語訳を付しておこう。

わたしが仏になったとき、あらゆる人々が、まことの心で（至心《ししん》）信じ喜び（信楽《しんぎょう》）、わたしの国（極楽浄土――服部）に生まれると思って（欲生《よくしょう》）、たとえば十声《とこえ》念仏して（乃至十念《ないしじゅうねん》）、もし生まれることができないようなら、わたしは決してさとりを開くまい。ただし、五逆の罪を犯したり、正しい法を誹《そし》るものだけは除かれる。

（『顕浄土真実教行証文類（現代語版）』本願寺出版社、一六二頁）

（服部注）「五逆の罪」とは、一般には「小乗仏教」の五逆を指す。父母を殺したり、仏の身体を傷つけ、出血させたり、阿羅漢という聖者を殺したり、教団の和合一致を破壊したりすることである。

では私たち衆生は、この世で命を終わり、死んでからでないと、他者と関わって、利他できないのだろうか。確かに私たちは今生では、他者をいくら不憫に思っても、思いのままに、十分助けることは難しい。しかし阿満利麿氏は『「教行信証」入門』（筑摩書房）で以下のように述べている。親鸞が「還相」の意義を大変強調しているのは、「私たちの自我病からの解放を目指している」（一九四頁）からだ、というのである。どういうことなのか。

私自身に即して述べるならば、自我意識の強い私が、親鸞の教えに目覚めて得度したのも、すべて自分の判断や選択のなせるところだと思っていた。しかし先ほども述べたように、私自身の得度への経緯を考えてみると、私自身の自我のあずかりしれないところで、父親をはじめとした無数の「他者」（生者、死者を問わず）との関係による「縁」のはたらきがあってのことだったのである。つまり他者（死者を含めて）から「利他」されていたのだったと気づかされるのである。

この私は、「還相」の菩薩という死者をも含めて、いくつもの有縁・無縁の他者との「縁」、すなわち他者からの利他の重なりによって、私自身が自我に執着することで被る、あれこれの迷いから脱却することができるのである。親鸞の「還相」についての教説にしたがうならば、浄土に往生している有縁・無縁の人たち（念仏者たる私にとっては親鸞は有縁の人である）からの有形無形のはたらきかけ（利他＝贈与のパスワーク）によって、私自身の浄土への道筋はつけられていくのである。そうしたはたらきかけは、私にとってはある時、ふと思いあたるものである。

そしてこの私が生前には意識もしなかった他者へのあれこれの贈与のパスワーク（利他）が縁となって、命終わり、浄土に往生したこの私は、現世の有縁無縁の人たちと、あらためて多様な縁（関係性）を結ぶことができるのである。

つまり親鸞にあっては、生前にこの私が真実信心を得て、仏道に励み、命終とともにただちに浄土へ往生すること（自利）と、衆生救済のために死後浄土から現世に還り来る還相（現世の人への利他）は、切り離せない「自利利他円満」として理解されていたのである。「還相」とは、生者にとっては死者との出遇《あ》い直しでもあるのだ。

2　「他者の自覚」

大乗仏教の宗教観は、信心は個人の心の問題なのだから、「どうぞご自由にお念仏をお称えください」といった身も蓋もない宗教観とは異なる。大乗仏教の要は、「他者への関心」(阿満『「教行信証」入門』)であったはずである。つまり大乗の菩薩は、他者の救済を一途に願い、そのための実践を自由自在に行う人々であった。「どうぞご自由に」とは、他者への無関心に根ざした、徹底したニヒリズムに他ならない。

本書でも既に述べた大乗仏教の興りを思い起こしてもらいたい。それまでのいわゆる「小乗」仏教の関心はもっぱら、「自分」と「永遠なるもの」との関係に基づく、自分自身に限られたさとりの追求にあった。

しかし大乗仏教を支えていくことになる、自らを菩薩と呼んだ人たちは、自己と他者とが繋がっていることとの強い自覚と、この「私」という自意識を促してくれる「他者」の重要性に気づいたのである。以上の経緯を丘山新氏は前掲書『菩薩の願い——大乗仏教のめざすもの』で、「他者の発見」、「他者の自覚」と呼んだのであった。こうして大乗仏教の「慈悲」と利他の思想は確立していくのである。これまでも述べてきたように、慈悲とは、私の言葉で言えば他者への「共感共苦」ということになる。

このように他者との関係性を通して、大乗仏教が社会性を帯びて、現世と関わっていくことは必然であったのである。親鸞は同朋仲間にあてた手紙（「御消息」）中で「世のなか安穏《あんのん》なれ、仏法《ぶっぽう》ひろまれとおぼしめすべし」（『註釈版聖典』七八四頁）と記している。つまり念仏の仏道を歩む人は、自分が今こうして生きている同時代（「世のなか」）の課題に無関心であれ、とは親鸞は説いていないのである。

では、時代の課題に、どのように向き合い、関わっていったらよいのか。その問題を解くキーワードを、親鸞の説く「他力」に求めてみたい。

3 「他力」の仏道

（1） 親鸞の時代認識

他力というと、今日ではもっぱら、自分は何にもしないで、他人の力を当てにすることを指す、といった使われ方がほとんどであろう。しかしとりわけ親鸞が説く他力とは、阿弥陀如来の本願力というはたらきを指していうのである。他方で、他力に対する「自力」とは次のように言い表すことができる。自力とは、自己が救済されるのは、自分が善人で、功徳を積んだからであって、自分の努力の成果であると自讃することなのである。

　　他力といふは如来の本願力なり

（『教行信証』「行文類」、『註釈版聖典』一九〇頁）

上記「本願」とは、先述したように、阿弥陀仏が法蔵菩薩として修行中に、衆生救済のために立てた四十八の誓願のうち、根本の願とされる第十八願を指す。

さて浄土真宗本願寺派の学僧である梯實圓師は、「他力」を次のように言い表している。「本願の必然として衆生を救済される如来の利他の活動を他力というのですから、本願他力に遇《あ》った者は、煩悩具足の身のまま、かならずさとりを開くことに決定《けつじょう》している聖者の仲間（正定聚《しょうじょうじゅ》）に入る」（『親鸞聖人の信心と念佛』自照社出版、七三頁、ふりがなと傍点は引用者）ことができる、というのである。

確かに前述の「煩悩具足の身のまま」とは、この私に対して「頑張れ」と強いるメッセージではない。しかし、ここであらたな問題が起こるのである。これまでもその著作を紹介してきた阿満利麿氏は、他力信心のあやうさを指摘するのである。「『他力』がしばしば現実の中身がなんであれ、それらを無差別に容認する意味に使われがちだ、という問題である。本願念仏者のあり方について、しばしば『そのまま』でよいのだ、という教戒があるように、（略）現実の中身がどうであれ、現実を『そのまま』容認するのが『他力』の仏教であるかのような錯覚、あるいは誤解が行き渡ってきた」（『「教行信証」入門』一九九頁）というのである。

　前述した「そのままでよいのだ」という教説は、現代においては、ともすると他者をなるべく批判しないという「やさしさ」と結びついてしまうのである。その「やさしさ」とは、自分も批判されて傷つくことをおそれることと表裏の関係にある。だから今日にあっても、政権を批判する野党やメディアは、とくに若年層からは毛嫌いされるのである。野党は声高な批判ばかりで、「やさしくない」というのである。社会の「保守化」とは、こうしたねじれた「やさしさ」の所産とも言えよう。

　ここで阿満氏が言わんとするところは以下のごとくだと思うのである。他力の念仏であれ他力の信心であれ、それはあくまでも「私が歩む仏道のあり方」を示した言葉なのである。つまり自力によるさとり（救い）の限界あるいは不可能性を深く自覚し、それに絶望したことが、私をして梯師が述べたように、他力の信心へと飛躍させるのである。

　親鸞は、当時の末法の時代においては、出家を前提とする自力仏教では、一切衆生は救済されないと強く認識していたのである。末法の時代とは、釈尊入滅後、時代を経るに従って、仏法が衰えていくうちで、最後の時期を指している。末法の時代は、親鸞の生きていた同時代にまさに重なっていたのである。ちなみに日本では一〇五二（永承七）年に末法に入ったとされていたのである。その末法の時代では、仏法という教え（教）は存在していても、行（実践する者）も証（さとりを得る者）も存在しない時代を言い表しているのである。

親鸞にとって、自分が生きている今の現在が末法の時代だからこそ、他力の思想が衆生を救うのだという自覚が、それは強いものであった。親鸞の同時代認識を表現している文章を主著『教行信証』「化身土文類」（原文は『註釈版聖典』四一三頁）から、その現代語訳で以下に紹介をしておく。


いま、まことに知ることができた。聖道門《しょうどうもん》のさまざまな教えは、釈尊の在世時代と正法《しょうぼう》の時代のためのものであって、像法《ぞうぼう》や末法や法滅《ほうめつ》の時代とその時代の人々のためのものではない。すでにそれは時代にあわず、人々の資質に背くものである。浄土の真実の教えは、釈尊在世の時代にも、正法や像法や末法や法滅の時代にも変わりなく、煩悩に汚《けが》れた人々を同じように慈悲をもって導いてくださるのである。

（『顕浄土真実教行証文類（現代語版）』本願寺出版社、五二九〜五三〇頁）

〔服部訳注〕

聖道門　浄土門（阿弥陀仏の本願力によって、その浄土に往生して仏のさとりをひらくことを説く教え）に対する語で、自力の修行によって、この世でさとり開くことを説く教え

正法　釈尊入滅後の三時期の一つではあるが、正しい教えによる正しい「行」もなされており、「証」（さとり）を得る者もいるとする

像法　釈尊の入滅後を三時期に分けた一つで、正法の次の五〇〇年または一〇〇〇年間を指す。教えは存在するが、行はあるものの真実の、正しい行は行われず、さとり（証）を得る者はないとする

末法　上記本文参照

法滅　正法、像法、末法の三時期が終わり、仏法そのものがこの世から滅尽すること

つまり親鸞にあっては、時代認識を離れた、そして自分が生きている同時代に無関心でいる抽象的な信心は、形式的な儀礼主義へとつながるばかりであると意識されていたのだ。したがって、親鸞の他力の思想（信心）は、「現実」に関わろうとせずに、現実を「そのまま」容認する生き方とはまったく異なるのである。

繰り返しになるが、「他力」とは、あくまでも私が歩む仏道のあり方を示す言葉なのである。

ではここで言う「仏道」とは、この私にとって、どのような生き方を示しているのだろうか。

⑵「私」の歩んでいく仏道

まず確認をしておかなくてはならないことは、他力とは、それを〝アザーパワー〟などと見なして、彼方に浮かぶ、何か実体的な存在のパワーにすがるという意味ではないのである。親鸞は、どこまでも傲慢で、罪業深重《ざいごうじんじゅう》なこの自分は、「地獄は一定すみかぞかし」（地獄行きは確実、『歎異抄』第二条）であると覚悟し、そのことを自覚しながら仏道を歩んでいたのである。この「地獄は一定」という自己認識ゆえに、親鸞は、この自分は阿弥陀仏の救いの目当てに適うのだ。だから「往生（は）一定」（浄土に確実に往ける、「親鸞聖人御消息」『註釈版聖典』七五一頁または七八四頁）であるのだという確信に至ったのである。親鸞は、こうした自己認識と阿弥陀仏による救いの関係性にめざめていく仏道を「他力の信心」と言い表したのである。

このめざめを得たならば、煩悩多きこの私は、この世では仏には成れないが、古い自己の殻を打ち捨てて、人格が変容される中で、「仏に成る身に成」っていく仏道を他者とともに「安心」して、歩むことができるのである。こうして私の歩む仏道を、これまでも頻出されてきた「自利利他円満」の仏道と表現するのである。

つまり他力の仏道（信心）とは、大乗仏教の基本教理である「煩悩（迷い）即菩提《ぼだい》（さとりの智慧)」という「矛盾の論理」の具体的なあり方を「象徴的に」示しているのである(信楽峻麿『親鸞とその思想』一二五～一三〇頁、法蔵館)。「即」とは、煩悩と菩提という別々で正反対のものが、本来的には一つであるということを指す。親鸞は、『一念多念文意《いちねんたねんもんい》』で、「『即』はすなはちといふ、ときをへず、日もへだてぬなり」(『註釈版聖典』六七八頁)と記している。

他力の思想とは、繰り返しになるが、この私が歩んでいく仏道のあり方を示す言葉なのである。したがって仏教の「因果」論でいえば、現実世界で起きている諸矛盾の原因を探求することなく、眼前の「果」という現実をそのまま容認し、時流に流されて良いと、教えているわけではないのである。

私自身の経験を紹介してみよう。私が、福島原発問題で、東電と国との電力政策を批判したレポートをある研究会雑誌に発表した折に、私が送ったそのコピーを目にしたある門徒の方から、あなた(服部)の実践は自力であって、我々他力信心の人間は、南無阿弥陀仏の念仏を称えるだけである、と意見されたことがあった。しかし眼前の歴史――時代認識を欠いた「心の安定」は、信心とはいえない、自己満足に過ぎないのではないか。

阿満氏は「現実の無差別な容認が『他力』の仏道であるかのような『説教』が」繰り返し続けられてきた結果、「現実を変革する視点は弱くなる一方であり、現実を支配する勢力に都合のよい考え方に終始することをもって、よき『門徒《もんと》』というイメージ」がつくりあげられてきた（前掲『「教行信証」入門』二〇〇頁）と、教団の歴史に遡りながら、手厳しく批判するのである。私自身、一人の門徒として、身が細る思いがする。

4　仏法と世俗

(1)　世俗の価値の相対化

これまで述べてきたように、親鸞は、他力の信心という仏法を、世俗のいかなる価値よりも上位に位置づけたのである。仏教を含めて宗教には、世俗の価値を相対化させる機能が具わっているのである。親鸞が「善悪《ぜんあく》のふたつ、総《そう》じてもって存知《ぞんじ》せざるなり」（『歎異抄』「後序」、「註釈版聖典」八五三頁）と、述べているところである。

個人の中で思想的に、世俗の価値の相対化が意識されるならば、世俗に流されて権威にひざまずいたり、政治の権力におとなしく随順することはないだろう。相対化とは、内なる思想的核心をあいまいにした、悪しき相対主義とは真逆な人間のあり方である。悪しき相対主義とは生きることの無意味さを第三者的に説くだけの冷笑的なニヒリズムである。悪しき相対主義は、結果的に現状容認に至ってしまうあやうさを常に内包している。

親鸞は、念仏者の信心の立場から、政治の権力に安易に近づき、自らの組織の安定と維持を図ろうとする試みには厳しく批判をした。

余のひとびとを縁として、念仏をひろめんと、はからひあはせたまふこと、ゆめゆめあるべからず候《そうろ》ふ

（「親鸞聖人御消息」、『註釈版聖典』七七二頁）

ここでいう「余のひとびと」とは、在地の権力者を指す。さらにいえば親鸞にあっては、仏教者として世俗の価値を相対化する立場から、「出家の人の法は、国王に向かひて礼拝せず」と『教行信証』「化身土文類《けしんどもんるい》」（『註釈版聖典』四五四頁）において、『菩薩戒経』というお経の文を引用しているのである。

こうした親鸞の意図に反して、先に阿満利麿氏が指摘したように、現世の現状に随順してしまうような、あるいは「中立」の名の下での無関心を装う、言い換えれば宗教人としての社会性を喪失してしまっているようなあり方を引き起こしている意識の内なる原因は、どこにあるのだろうか。こうした意識の構造を生み出している教理として、「真俗二諦」論に注目してみたい。

（２）「真俗二諦《しんぞくにたい》」論

真俗二諦の「真」とは、仏法の論理を指し、「俗」とは世俗の政治の論理を指す。真俗二諦とは、「真」・「俗」の両者とも真実（「諦」）だという意味である。それではこうした論理（諦）のこの現世での実践的な意味はどのようなものになるのか。

いかなる宗派であれ、「俗」が真理（諦）として、その教団の教理とされるということは、その教団の宗教性から世俗の価値を相対化する機能が失われ、今生では、眼前の世俗権力の価値と論理におとなしく従って生きよ、ということになってしまうであろう。他方で仏法は、死後のあの世の原理であるのだから、現世ではもっぱら信心をもとに、浄土への往生を願っておればよい、ということになる。

つまり仏法は仏法であり、それとは別に毎日の生活では、世俗の権力に忠節に励みます、というように、仏法は現実の社会生活とはまったく関係がなくなってしまうのである。つまり信心と日常の生活実践が完全に分離をしてしまい、二つの論理（諦）を都合良く使い分けるということがおこってしまうのである（信楽峻麿『真宗の本義』法蔵館参照）。

近代日本の真宗史上では、前述した「真俗二諦論」に基づいて、真宗の宗教性には、「王法服従」「勤王報国」の性格があるということで、眼前の天皇制国家に絡め取られていくことになるのである（中央仏教学院通信教育部『（専修過程）通信教育テキスト（三年次）真宗史』九二～

九四頁参照)。

さらに言えばアジア・太平洋戦争では、天皇の「大御心《おおみこころ》」と「おまえたちをもれなく摂取するぞ」という阿弥陀仏の本願が同一視され、他力の信心は大御心に随順する臣民の道徳的規範として機能してしまうことになったのである。そして真俗二諦論に基づいて、いわゆる「戦時教学」といわれるものが構築され、日本の戦争遂行が「聖戦」であると賛美され、多くの門徒が戦地へと送り出されていったことは、まぎれもない事実なのである。

教団という組織が、政治権力の庇護の下で発展しようとすると、親鸞が先に紹介した手紙(消息)で懸念したように、世俗権力へのすり寄りが生じてしまうのは必然なことなのである。

(3) 人間は業縁的存在

①人権の根拠

高校の教員をしていた頃、「倫理」や「政治・経済」の授業で、私は、日本国憲法の根本原理である自由や平等といった基本的人権の根拠は何かと問うてきた。教科書(学習指導要領)では、このテーマは西欧近代の思想である社会契約説とむすびつけて説明されることになっている。ホッブズ、ロック、ルソーである。国家社会の成立の根拠を、個人の自主的な契約に求める思想である。

この説を理論的に基礎づけた思想が自然権の思想である。人間が社会を組織する以前の自然状態で、人間が生来所有していた自由を権利として認めたものである。国家はこの自然権を保護することがその役割であるとされる。ホッブズが端的に述べたように、各人の欲求のままに自由に自らの力を行使する権利が自然権なのである。

個人の存在根拠を、神という超越的なものを持ち出さないで説明したという意味で、特にホッブズの思想は、西欧近代の思想史上では画期的であった。しかし、この自然権の恣意的な行使は、「万人の万人に対する戦争」（T・ホッブズ）を引き起こしてしまう。そこで社会契約説は、この我が身の属性とも言える自然権を放棄して、国家社会という権力に自然権を、全面的に譲渡（ホッブズやルソー）したり、信託したり（ロック）して、自分たちの平和と自由を確実に維持してもらうという思想を展開するのである。

さて問題は、人権の根拠を社会契約説の自然権で説明されることで、生徒がリアリティーをもって実感したか、どうかなのである。私の授業実践から得た感想では、生徒は知識としては、人権の根拠を自然権に求め、それが日本国憲法の個人の尊厳と基本的人権の尊重に連なることは理解できるのである。しかしそれが知識に止まる限り、種々の差別やいじめへの立ち位置が定まることはない。人類史の上では今日に至るまで、個人の尊厳性を否定する事実や出来事にあふれかえっているのである。

要するに個人の尊厳の根拠を自然権に求める議論には、生徒はリアリティーを感じないのである。つまり人間の生来の権利であるといった自然権の説明では、個人の外側から説明された政治的な概念以上には論議が進まないのである。他方でキリスト教的な「神の下での平等」といった言説も、神という見たこともない超越的な存在を実体として根拠にしている限り、生徒の実感としてストンと納得されることはない。

つまり各人の固有性について、深く顧みるきっかけが生徒個人個人に見えてこなければ、自然権思想も自分とは関わりのなく説明される単なる知識としてしか、受け止められないのである。だから最後の感想では、「人間は所詮わがままな生き物なのだから、権利だけではなく、義務も必要だ」というところに着地してしまう。

そこで各人がその固有性を深く探求していくためのきっかけをつくるキーワードとして、私は、仏教の「業縁《ごうえん》」という教説に注目をしてみたのである。

②業縁と個人の固有性

「業縁《ごうえん》」の「業」とは、「カルマ」つまり「行為」という意味である。そして今日では、言いがかりをつけることを「因縁《いんねん》をつける」などという。けれども因縁とは、もともとは仏教の用語なのである。ある行為（「業」）をもたらす直接的で直近の原因を「因」といい、間接的な原因を「縁《えん》」というのである。

だから「縁」とは、遠く過去に遡ることもできるし、何よりも本人にとっては思いもよらぬ、自覚的に特定できないものもある。そうした直接、間接の原因が重なり合ってはたらいた結果の行為を仏教では「業縁的行為」という。「業縁」とは、文字通り解釈するならば、縁に基づく、行為ということになる。つまり業縁とは、人間は固定的な実体ではなく、相互に依存しあって存在しうるものであるという縁起的存在であることを言い表わしているのである。

業縁的行為という視点から、私たちの日々の行為を見てみると、それが自分の判断だけで、自由になされたとは、断定的に語ることができなくなるのである。ということは、人間は、さまざまな「業縁」というきっかけ次第で、善なる行為も悪なる行為もしてしまうのである。業縁的存在という人間観は、性善説にも、性悪説にも包摂されるものではないのである。

こうした人間の実相について、『歎異抄』第十三章には、親鸞と『歎異抄』の作者唯円の対話部分がある。山崎龍明師の現代語訳で紹介をしてみよう（『歎異抄を語る』下、ＮＨＫ出版、一三九頁）。

唯円房は私のいうことを信じますか。

はい、もちろんです。

本当に私のいうことに背《そむ》きませんか。

その通りにします。

ならば、人を千人殺してくれませんか。そうしたら必ず浄土に生まれるでしょう。

聖人のお言葉ですが、私の器量では一人も殺すことはできません。

ではなぜ私のいうことに背きませんといったのですか。このことでもよくわかるでしょう。どんなことでも自分の思いのままにできるものなら、浄土へ生まれるために千人殺せといわれたときに、殺すことができるでしょう。けれども一人でも殺すことができない縁のために殺さないだけです。自分のこころが善良であるから殺さないのではありません。また、殺すまいと思っても、その縁がそなわれば百人でも千人でも殺してしまうのです。

親鸞は続けて説く。
さるべき業縁のもよほさば、いかなるふるまいもすべし
（『歎異抄』第十三章、『註釈版聖典』八四四頁）

以上の『歎異抄』からの紹介で明らかになったことは、一人一人が背負っている業縁は代替

不可能である。つまり「一人一人が固有の『業縁』を背負っているからこそ、私たちは、それぞれに個別的な存在となっている」のである（阿満利麿前掲『信に生きる』、一六七頁）。言い換えるならば、私たちの個人としての固有性は、私たちの抱える業縁の固有性に根拠をもっていることになるのである。

こうして仏教の論理を基に「人権」の根拠を探求してみるならば、個人個人は業縁的存在である、という固有性が土台となって、個人の権利（人権）とその尊厳が主張されることになる。個人の尊厳性の根拠をリアルに感じとるには、自らが業縁的存在であることを自覚して、深く顧みることが求められるのである。私自身は、『歎異抄』十三章からそのようなことを学んだのである。

異質の他者に対して、非寛容で排他的になるのではなく、異質の他者との対話を厭わないといった姿勢を大事にするためにも、私たち一人ひとりは業縁的存在として、それぞれが固有性を持っていることを深く自覚することが大事なのである。

たとえば「オウム事件」の実行犯たちが死刑を執行されたことをもって、事件は完結したのだとして、世論が忘却するようなことがあるとするならば、それこそは社会的な思考停止なのである。なぜ彼らは「オウム真理教」に没入したのだろうか。いやしくも宗教者を自負する実行者たちが辿ってきた自分史と業縁的存在である彼らの内面的な宗教観との関係性は、裁判の中では明らかになったとは思えないのである。

最後に一言付記しておこう。業縁的人間観の強調は、それによって運命論に陥り、諦《あきら》めの論理に至ってしまうのではないかといった批判が想定されるのである（阿満前掲『信に生きる　親鸞』一七一～一七二頁）。あるいは、業縁的存在である一人ひとりは、自分の行為の責任を負わなくともよいのか、という疑問も起こりうるであろう。確かに運命論は、たとえば現実社会の貧富の差の原因や、あるいは被差別の不幸の原因を、個人の資質や生まれ育った環境などに転嫁してきた歴史や現実に繋がっていく危険性を孕んでいる。

では『歎異抄』第十三章で、人間は業縁的存在であると親鸞が指摘する意味はどこにあるのだろうか。人間の業縁的存在ということの深い洞察をきっかけにして、自己の自由意志などなんぼのものなのだろうかと実感したときに、この私は慄然とするばかりである（阿満前掲書、一七二頁参照）。このとき「人間の善悪をはるかに超えて、それを包摂する広大なるはたらき」（山崎龍明前掲書、一四一頁）である阿弥陀仏の他力の仏道へと、人間は導かれるのだ、あるいは飛躍するのだという、親鸞の発したメッセージが『歎異抄』第十三章の意味なのである。

私はここであらためて思う。業縁的人間観によって、その個人の固有性が強く自覚されたのなのだから、どのような時代や状況にあっても、時代の同調圧力にたじろぐことなく、一律的な世論の前では、ちょっと待てよと立ち止まればよいのである。立ち止まって、冷静に自己の行為を顧みて、自分が責任を果たすことに至ったならば、引き受ければよいのである。親鸞によれば、他力の信心によって、世俗の価値観に身を任せていた古い人格から、この私は古い自己の殻をうち捨てて、新しい人格へと変容していったのである。

こうして業縁的人間観によって、世俗の価値の相対化がはかられるのである。業縁的人間観は、運命に身を委ねて、成り行き任せで生きていくことを説いているのではない。親鸞の業縁的人間観の展開は、近現代風に言い表すならば、まさに個人の主体性の確立に繋がっていくものなのである。

第9章

「自利利他円満」と道徳的価値

1 「自利利他円満」の本質

「自利利他円満」は大乗仏教の要となる価値である。大乗の菩薩たちによって、「在家と出家のボーダーライン」は取り払われて、一切衆生が救いの対象となったのである。つまり大乗仏教は、「自利」という自己のさとり（真理のめざめ）だけを目標とする仏道ではないのである。この自分と他者との関係性に注目をした大乗の菩薩たちは、この自分が真理に目覚めることのみならず、一切衆生をして真理に目覚めさせるべく、衆生を仏道に領導する「利他」行の成就を宣言したのである。

「利他」はさらに広く、この私自身が他者をして利益せしめるという価値へと、その内実を拡大させていくのであった。その内実とは、これまで述べてきたところによれば、贈与のパスワークということである。他者との関係性のなかで、他者と私がともに幸せになるためには、この私が他者にできることは何か、といった問いと課題が設定されるのである。

繰り返しになるが、大乗仏教では、自利＝利己主義＝悪、利他＝全体のための個＝善といった単純な二元論の立場を否定する。自利というこの私自身の真理への目覚めが目指されなければ仏道とはいえない。つまり「自利」と「利他」は切り離せない一体的な構造であり、そのことを「自利利他円満」と表現したのである。したがって大乗仏教的価値観では、現世を「虚仮《こけ》」と見限って、眼前の人びとの社会的な苦しみの有り様に関わろうとしないニヒリズムとは無縁である。

他方で、自律心なき利他行動が、過剰に強制されるならば、利他は自己犠牲を強いる価値として、全体主義に収斂してしまうのである。みんなのために「利他」しないと指弾された人間は、利己主義者として，排除されてしまうということはこれまでも述べてきたところである。あるいは過剰に利他主義が徹底されると、社会的弱者が、誰か他者に援助を求めることも、全体のために役に立っていないばかりか、努力を怠って自己責任を果たしていない利己主義者として、糾弾の対象とされかねないのである。

以上のように、この私は他者とつながってしか生きてはいけないということに気づくならば、他者への「利他」は、特別に強固な努力を要する、この自分に脅迫的に迫ってくる価値ではなくなるはずなのである。この事実に気づかせてくれるのが大乗の仏教であった。

しかしこの日本において、今日の市場原理主義の下では、あるいはもっと遡って、富国強兵を掲げた明治の近代国民国家成立以来、「利他」は人びとの腰を引かせる言説になっていったのである。その経緯については、これまでに述べたとおりである。現代の市場原理主義そして近代の富国強兵政策においては、国家と個人の欲望の最大化が賞揚され、最大利益（国益）の獲得の完遂が目指されるのである。こうした体制の下では必然的に、国家間そして個人間で熾烈な競争が展開されるのであって、その極端な政治主義化が植民地獲得のための帝国主義戦争であった。他者（他国）を利他するなどといった発想は及びもつかぬ事であったのだ。

しかしここで注意を要する。近代国民国家の政治的経済的な膨張化は、国民に対して、国家利益（国益）の止まることのない最大化つまり資本の限りなき増殖を要請することになる。他方で「義務と責任」とか「公徳心」や愛国心といった、全体（国家）があってこそ個は存在するのだという全体主義的な道徳の価値が、利他の名の下に強く要請され、注入されるようになっていくのである。

本章の見立てでは、実はこうした教育勅語に象徴される道徳的価値の上からの注入は、近代国民国家成立時の富国強兵政策以来今日にいたるまで強調されてきたのである。私の見るところでは、愛国心とかの価値（徳目）は、近代の国民国家成立以来、今日では顕著に現出している市場原理主義（資本主義的システム）を安定的に維持発展させていくための手段化とされて、機能しているのではないかということなのである。

つまり国益と人間の欲望の最大化は弱肉強食の熾烈な競争を伴うが故に、人間の関係性を分断していく。その結果、想定されることは、秩序の不安定化（今日でいえば非正規雇用の増大とか貧富の格差の拡大）である。そうした不安定化から目をそらさせて、安定的に目先の利潤の獲得と資本の蓄積を達成するために、たとえば自己責任とか自助といった新自由主義的な価値と同時に、国民としての一体感を意識づける愛国心とか国防などといったナショナリズム的（保守的）な言説とが、重なり合って注入され、手を携えて機能しているのではなかろうか。経済が停滞すると、ナショナリズムが声高に叫ばれることも、前述したことと同根の構造を示している。

前述してきたことをまとめてみよう。大乗仏教の「自利利他円満」とは、目先の利潤獲得と資本の蓄積のために、個人と国家の欲望を最大化させる原理を受け入れるものではない。そして全体のために個は存在するのだという価値観に与するものでもないのである。

2　学校教育の中の道徳的価値

(1)「特別の教科　道徳」

①教科設置までの経緯

ここで前述した道徳的価値の内実を探るために、今日の学校教育における「特別の教科　道徳」（以下、学習指導要領の表記に倣って「道徳科」と記す）という教科を事例として取り上げることにする。

小・中学校の「特別の教科　道徳」（道徳科）の設置は、二〇一一年に起きた大津市のいじめ自殺を機に、第二次安倍政権の教育再生実行会議による「道徳の教科化」の提言（二〇一三年）に始まる。そして二〇一五年三月二七日、学習指導要領の一部改訂が告示され、小学校は二〇一八年、中学校は二〇一九年より「特別の教科　道徳」が実施されることとなったのである。

小中学校における新たな道徳科は、それまでは国語や数学といった教科ではなく、一九五八年の「官報告示」で「特設道徳」として設置されていたのである。官報で告示されたということは、学校で教えられる内容に法的な拘束性が持たされることになるのだが、教科ではないので、検定教科書はなく、生徒はテストによって評価をされることもなく、各学校に「道徳の時間」が置かれることになったのである。ただ「特設道徳」と「特別の教科　道徳」との設置意図には、多分に政治的な思惑が透けて見えるのである。

そして現在、道徳科が教科となったのであるから、学校現場では検定教科書の使用義務が発生し、評価もされることとなった。ただし「数値などによる評価は行わないものと」（『中学校学習指導要領』二〇一七年三月告示）されたのである。評価を伴うテストは実施されないので、5、4、3といった数字の評価もされないのである。つまり生徒・こどもたちが、学習指導要領に示された「内容項目」を「理解」したかどうかを、教師が文章で記すことになる。たとえば『集団や社会との関わり』で、『法や決まり』の大切さを理解できた」などの類型的な文例が想定されるわけである。

②道徳科教科書の構成

教科書の構成は、学習指導要領の指示に完全に添うものとなっている。たとえば中学校学習指導要領によれば、扱われるべき「内容」「項目」はまず大きく、次の四項目に分類される。「A　主として自分自身に関すること」「B　主として人との関わりに関すること」「C　主として集団や社会との関わりに関すること」「D　主として生命や自然、崇高なものとの関わりに関すること」の四つである。

これらA～Dの大項目にそれぞれ複数の「項目」が配置されている。Aには、［節度，節制］など五項目。Bには［思いやり，感謝］など四項目。Cには［遵法精神，公徳心］［我が国の伝統と文化の尊重，国を愛する態度］など九項目。Dには［感動，畏敬の念］など四項目である。ただし、たとえば先に紹介をしたAの［節度、節制］を二項目と数えるならば、合計で四一項目にもなる。

教科書では学年単位で、四〇にも及ぶ項目ごとに、ひとつの物語教材が配置されている。この項目はどの学年も、一週一時間で年間三五時間の授業で「全て取り上げることとする」（中学校学習指導要領）ものとされているのである。学校現場は行事もあるのだから、年間三五時間の授業など確保できないのが現実である。しかも学習指導要領では、「一つの内容項目を複数の時間で扱う指導を取り入れるなどの工夫を行うものとする」と明記されているのであるから、果たして全ての教材を完全消化することなど、物理的に可能なのであろうか。

3　権利か義務かの是非論

(1)　教材「選手に選ばれて」

ここで実際の教科書に掲載されている、ある教材を取り上げてみる。対象は中学一年生である。この教材は学習指導要領では、上記大項目Cの中の「遵法精神，公徳心」に対応している。ちなみにどの教材も、上記のA～Dの大項目のどれに対応しているのかを、目次上で必ず明記しなければならないのである。

大項目Cの中の項目「遵法精神，公徳心」は、学習指導要領では次のように記されている。「法やきまりの意義を理解し、それらを進んで守るとともに、そのよりよい在り方について考え、自他の権利を大切にし、義務を果たして、規律ある安定した社会の実現に努めること」。この文面から読み取れる学習目標は、「規律ある安定した社会の実現」のためには、権利だけを主張することはエゴイズム（利己主義）なのだ。義務を果たすことが、「公徳心」であり「遵法精神」に適うのだ、という道徳的価値の正当性を理解させることにあるようだ。実はこの権利と義務に関する言説は、世間では頻繁に聞かれるものなのである。

上記見出しの教材「選手に選ばれて」は、中学校一年の教科書に収められている。この教科書では、教材の分類名の見出しは「権利と義務を考えて」とある。上で引用した学習指導要領の「内容」「項目」を具体的に説明・明記した記述にぴったりと整合している。この整合性が曖昧だと、教科書は検定に合格をしないのである。

さてこの教材の主人公は、体育祭のクラス対抗リレーの選手に、クラス投票の最高点で選ばれたA君である。しかしA君は、出たくないと異議を申し立てる。選挙で決まったのに、出ないというのは身勝手だと責められるA君だった。理由を問われたA君は、「出ようと出まいと、僕の自由でしょう。」と応じるだけである。実はA君、一学期末の成績が悪くて、親からもしかられたのである。だから部活もやめて、放課後英語塾に通っていたのである。リレーに出るとなると，放課後残って練習をしなければならないし、勉強どころではなくなるので、まっぴらだというのがA君の気持ちなのだ。教材は「A君のエゴか、学級の暴力か、議論は結論の出ないまま時間切れとなった。しかし、これはだいじなことだからもういちどみんなで話し合おうということで、この日は終わった」と締めくくられる。

ここでこの教材に対する「考えてみよう」という編集者による課題提起を検討してみる。『「いったん選挙で選ばれた以上、クラス全員の代表として出場する義務がある」』というみんなの意見を、どのように思うか」というものである。A君以外の生徒の立場に立ってみると「A君のエゴ」とは、「いったん選挙で選ばれた以上、クラス全員の代表として出場する義務があるる」のに果たさないというものである。「学級の暴力」とは、A君にとっては、自分の成績不振を何とかしたいという切実な思いがあるのに、「みんな」の名の下で自分を「身勝手なやつ」だと攻撃することは暴力の論理だというのである。

ここで注意を要することがある。教科書のまとめにある最後の記述で、「学級の暴力」ということは、論理的に言えば、あくまでも「A君のエゴ」の立場からの規定である。つまりA君以外の生徒からすれば、「暴力」などと言われる覚えはないのである。自分たちは、A君が義務を果たすべきだと、当たり前のことを言っているのだ。だからA君の言い分は、「学級の暴力」の名の下で、自分の「エゴ」を正当化しようとしているのだと、他の生徒は感じるであろう。だから他の生徒たちは、「いったん選挙で選ばれた以上、クラス全員の代表として出場する義務がある」という論理を強く主張するのである。

つまりこの設問では、「A君の権利」と「A君の義務」との二つの選択肢から、どちらかを選択しなければならないのである。この教材を読んだ生徒は、義務を果たさないA君に問題があると意識してしまうのではないか。

(2) 権利か義務かの二項対立

この教材の構成上の問題点は結局のところ、「A君の権利」か「A君の義務」かの二項対立として提起されてしまっている点にあるのだ。編集者の意図は、生徒たちに「集団生活の中で、権利と義務のどちらがだいじか」と葛藤させようということなのだろう。クラス内で起こりがちな事例を取り上げて、葛藤させることは学習過程では大事なことである。しかしA君とクラスのみんなにとって、葛藤する選択肢は「A君の権利」か「A君の義務」か、といった二つの価値選択の問題なのだろうか。

「もういちどみんなで話し合う」と締めくくられているが、A君の権利か義務かの是非論では、次回の話し合いも結局のところ、それぞれの立場を自己主張するだけのモノローグに終始してしまうだろう。こうした二項対立を推し進めていくと、先に紹介をした学習指導要領の記述に依れば、A君の主張は「義務を果たして、規律ある安定した社会の実現に努め」たこととはならないのである。賢い生徒は、そうした授業のねらいを先読みするに違いない。

以上のようにこの教材を読み進めていくと、他の生徒が主張するように、権利を主張するだけの「A君のエゴ」と、A君の言い分である、クラス全体の利益のために、自分に義務を強制する「学級の暴力」とのどちらを是とするかの二項対立で、子どもたちにせまるのでは、真に葛藤させたことにはならないのだ。

繰り返すが、「学級の暴力」という意識は、あくまでもA君の立場からの規定なのである。なぜなら、他の生徒たちはA君に対して「暴力」を行使したなどとは思っていないからである。他の生徒たちは、自分たちを暴力の行使者として攻撃するA君は、やっぱり自分の権利だけを自己主張して、義務を果たさない「ジコチュウ」としてしか捉えないであろう。

(3) 第三の選択肢

クラスの中には、自分もA君と同じように、塾に通っている生徒もいるはずである。そういう生徒は、自分も塾に行きたいのに、我慢をしているのだ(実は「エゴ」と言われたくない)と意識するだろう。それなのに、A君は自分の権利ばかりを自己主張している。自分の言い分を主張するだけのA君は、やはりクラス全体の利益を考えない利己主義だと考えるだろう。

しかしここであらためて、この教材を読み直してみよう。そもそもA君は出たくない理由をはっきりと表明していないのである。さらに言えば、塾には毎日通うのか、時間は何時から始まるのかも不明である。「朝練」は可能なのか。そしてこのクラスでは、A君の事情を詳しく聞き合える人間関係にあるのだろうか。

こうした場面では何が大事なのだろうか。クラス討論は「対話」（ダイアローグ）であるべきなのだ。対話は、同じ意見同士の「会話」とは異なる。対話では、もともと意見を異にする異質の他者同士が、お互いの意見を聞き合う中で、自分の意見に逡巡したりしながら、第三の選択肢を見つけ出していくことが肝要なのだ。たとえばリレー出場者のローテーション表を作成し、全員参加できる曜日と時間を承認し合うとか、つまりこの事例の場合、A君の権利か義務かの二項対立ではなく、第三の選択肢は考えられないのだろうか。

第三の選択肢がクラス討論（ダイアローグ）で発案されてくるためにも、A君と同じ立場にある生徒が周りを気にすることなく発言できる環境に、その学級があるのかどうかが問われるのである。

以下に紹介する考古学者の松本武彦氏の指摘は、集団において、権利か義務かを迫る二項対立の是非論の危うさを述べているものとして参考になる。個人の権利を主張するのではなく、個人が全体のために尽くすことを美徳とする「道徳の規制力が強い社会のほうが、より暴力的」であったのだ。なぜか。「強い道徳を内にもった利他的な社会ほど結束が固く、自尊心も強く、外の社会に敵対しやすい」。さらに言えば「道徳の規制力が強くなると、それを守らない利己的な『違反者』を罰しようとする圧力が高まる」のである（『東京新聞』二〇一六年九月一五日夕刊）。

これまでにも述べてきた仏教の論理に従うならば、クラスのために義務を果たすことを「利他」と捉え、「A君のエゴ」を利己主義的な「自利」と捉え、あれか、これかの是非を問うという立場には立たないのである。仏教の「諸法無我」の教えによれば、あらゆるものごとは、それ自体として存在するものはないのだから、仏教は「あれは良くて、これはだめ」とか「あの人の意見は大事だが、この人の意見はどうでもいい」といった排他的な是非論には立たないのである。第三の選択肢は、「自利利他円満」の価値からは必然的に導き出されるのである。

あれか、これかではなく、行動を促す価値の選択肢はたくさんあった方がよいのである。そして選択肢を増やすためにも、集団の中での対話（ダイアローグ）を大事にしたいのである。実はこの教材の道徳的価値を検討していく土台には、生徒同士、そして生徒と教師、さらにいえば教師同士の対話が可能な学級づくりや学校づくりが問われているのである。

（4）同調圧力

①主君源義経を裏切った海尊——秋元松代『常陸坊海尊』

東北の常陸坊海尊伝説に材を取っている標題の戯曲では、戦中の学童疎開と戦後の高度成長期の日本の影を描いている。海尊は、衣川の戦いで、主君源義経を裏切って、敵前逃亡をした男である。彼は、その罪を悔い、俗世間に恥をさらして、塗炭の苦しみを受けながらも、七五〇年間生きさらばえている。

以下の海尊の独白は、日本のいかなる影を表現しているのだろうか。

「いや、面目もねえ身の果てじゃ。まんず聞いて下されえ。この常陸坊海尊は、臆病至極の卑怯者じゃった。衣川の合戦の折り、このわすは主君源義経公をば見捨て、わが身の命が惜すいばっかりに、戦場をば逃げ出すてすもうたのす。戦《いくさ》がおそろすうてかなわん。死ぬことがおそろすうてかなわん。それでわすは義経公を裏切り、命からがら逃げ失せたのじゃ。」

「じゃけえ、わすは、逃げ失せはすたものの、ああ！済まねえことをばすた、わりいことをばすたと、われとわが身を悔やんでおるすが、どうにもならねえのは、われとわが罪深え心のありようじゃ。わすはそん時から七百五十年、おのれが罪に涙を流すつづけ、かようにに罪をば懺悔すながら、町々村々をさまようておるす。」

（秋元松代『常陸坊海尊　かさぶた式部考』講談社文芸文庫、三〇頁）

（秋元前掲書、三一頁）

海尊はなぜ七五〇年もの間、自分の罪を悔いながら、そして世間の目におののきながら、生き続けなければならなかったのか。「わが身の命が惜すい」、「戦がおそろすうてかなわん」「死ぬことがおそろすうてかなわん」と思って、敵前逃亡を果たすことは悪なのか。

日本思想史を専門とする野崎守英氏は次のように述べている。「海尊の逃亡の行為が悪とみなされるのは、自己の属する集団の中でその連帯を裏切らないことが善なる価値であるというみかたが前提にあるときだけである。（略）しかもそれは（略）、海尊の側から選びとられた価値としてではなく、海尊の意志によっては左右できない、したがって彼を超えている、その意味で超越的な価値として海尊のうちに根づいている」のである（「悪しき者の倫理——秋元松代『常陸坊海尊』」『宣長と小林秀雄——日本人の「知」と「信」』二五六頁、名著刊行会）

集団内の連帯を裏切らないことが善であるという、海尊の意志を超えた超越的な道徳の価値によって、海尊は断罪され、罪人となったのである。所属集団を裏切ったこの時から、その生を終えることなしに、人びとの間を、懺悔し、さまよい続ける人間像として、海尊は描かれているのである。

「わすは罪人《つみびと》のみせすめに、わが身にこの世の罪科《つみとが》をば、残らず引きうけたす。みて下されい、今ではもう、目も見えん。」

「この苦すみはみな一切衆生のためす。村の衆、町の衆の現世安穏後生善処《げんぜあんのんごしょうぜんしょ》を祈り申すじゃ。」

（秋元前掲書、三一頁）

作者はここで、第二次大戦中に戦線を離脱逃亡したと覚しき第二の海尊を登場させている。さらに第三そして第四の海尊も継続的に登場する。これらの海尊は一切衆生の罪を背負って生き続ける。そして海尊を永遠に生き続けさせることを使命とする、海尊の妻を自称するイタコのおばばとを重ね合わせて登場させる作者の意図はどこにあるのか。ここいらの解釈は、前掲野崎氏の論説が参考になる。

つまり一切衆生にとって、生きながらえる海尊と彼を生きながらえさせるおばばの存在は、死ぬのが怖いという自然感情によって戦線を離脱した海尊を悪とするような、個人の意志を超えた、暗黙的で超越的な価値を「対象化」してくれるのである。したがって集団内の暗黙の価値的な縛りによって、お互いに物言えぬ「一切衆生」にとって、幾人もの海尊の独白は、自分たちの心の内を、ためらわずに発信してくれるがゆえに、自分たちは共同体内部で忍耐しながらでも、安定感を得られるというのである。

しかし「一切衆生」が、自分たちを縛り付けている、共同体（集団組織）内の超越的な価値から解き放たれるためには、「わが身にこの世の罪科をば、残らず引きうけた」海尊の自己犠牲主義的な請負《うけおい》に身を任せて、自分たちの心の深奥をただ「対象化」する、つまり解釈して、心を落ち着かせているだけではまずいのである。私たちは、一切衆生つまり現代の私たちを、世俗の集団内で、周囲と同じように行動するように、暗黙のうちに強いてくる力を見定めて、それから解き放たれる道を探求しなければならないのである。

②共同体（集団組織）の同調圧力

前述した野崎守英氏が指摘する、海尊の意志を超えている「超越的価値」とはいかなるものなのか。それは、ある共同体（集団組織）を維持存続させるために、人びとに共有されていると思われる暗黙の道徳的価値に他ならない。その道徳的価値とは、所与の共同体（集団組織）を維持するために、一人ひとりの人間の行動を内面的に規制する規範なのである。

ちなみに敵前逃亡を処罰の対象として、明文化したものが、いわゆる軍法である。こうしてみていくと、軍法に限らず裁判において、その量刑の基準となるそもそもの根拠は、結局のところ道徳的な価値に求められるのである。そのことは、刑事裁判の判決文で、たとえば次のような文言に言い表されている。「被告人の身勝手で短絡的な動機による犯行は、被害者のみならず、社会に多大な、計り知れない恐怖を与えた。よって被告人を厳罰に処することもやむを得ない」などという表現である。身勝手で、短絡的な動機による行為は、共同体の秩序を脅かす悪しきものなのである。

以上述べてきたように、海尊の意志を超えて彼の行動を規律させている超越的な価値によれば、「我が身の命が惜すい」という自然感情に基づく逃亡は利己主義であり、道徳的な悪なのである。ここでは自利とは、利己主義として悪である。そして利他とは、最後まで主君に忠誠を尽くす、反利己主義としての善なる価値であり、自利に対するものとして設定されるのである。つまり共同体（集団組織）内部の道徳的価値においては、自利と利他とは、相反する二項として、対立しているのである。大乗仏教的な価値の要である「自利利他円満」ではないのである。

ここで野崎氏は、「共同体」の実相を以下のように説明する。それは「心情的な連帯を『寄る辺』とすることによって、その構成員それぞれがその生を支え合っている場所」なのである。しかし他面において、心情的な連帯は「相互監視を意味する」のである。だから「己れのみに固有の生の開発を表明する者は、一人の無法者とみなされ、エゴイストとみなされ、裏切り者とみなされることになる」（前掲書、二五八～二五九頁）。

相互に監視しあうからこそ、その「場所」には、妬みや嫉妬が渦巻いている。そして「心情的な連帯」に反するとみなされた者は、「寄る辺」を蔑ろにする者として、「みんな」の名の下に、その「場所」から排除されるのである。

この共同体という「場所」に根づいている暗黙の超越的価値を所属している人たちに強制する力を、「同調圧力」と読み替えることは可能である。さらにこの「場所」（共同体）を、それこそ企業、学校をはじめとした集団組織に、そして「国」にまで及ぶ「場所」として、広く「世間」と読み替えることもできよう。

この「世間」と「同調圧力」のキーワードをもって、現代日本の社会のカラクリを分析しているのが、鴻上尚史、佐藤直樹両氏による対談集『同調圧力――日本社会はなぜ息苦しいのか』（講談社現代新書）である。

「同調圧力」とは本書に依れば以下のように整理されている。「少数意見を持つ人、あるいは異論を唱える人に対して、暗黙のうちに周囲の多くの人と同じように行動するよう強制すること」なのである（前掲書、一六頁）。この同調圧力という、共同体（集団組織）内部での規制力があるかぎり、いつの時代、つまり現代においても、海尊は存在し続けるだろう。大事な点は、この同調圧力が、抗うのが難しい道徳的な規制力として、集団の構成員の意識を、深いところで縛っている点にある。

前節で紹介をしておいた中学校道徳科の教材で、A君の事例は、クラスの同調圧力にどのように対応するのかという問題でもあったのだ。ここでは暗黙の超越的価値に従うとなれば、クラス全体の利益《りやく》のためには、A君はリレー選手となって、利他的な「善」を果たさなければならないのである。したがってA君が選挙で選ばれたリレー選手を辞退することは、「己れのみに固有の生の開発を表明」したが故に、クラス集団というある種の共同体内部では、利己主義として、道徳的な「悪」を犯した「無法者」の所為とみなされるのである。

4　手段化されている道徳

(1)「時代制約的」な道徳

これまで述べてきた「道徳科」の教材、そして戯曲「常陸坊海尊」の分析から明らかになった、道徳の実相についてまとめてみよう。

結論を先に述べれば、道徳とは、所与の共同体（組織集団）の秩序維持を前提として、人間の内面を規制する行動規範（「行為の学」）なのである。したがって道徳は、常に「政治のイデオロギー」と親和的である。つまり道徳は，政治の問題と関わって、「時代制約的」にならざる

を得ないのである。（上原専禄「国民文化と仏教」『著作集』第二六巻、一八六頁）

上記上原氏が指摘した道徳の「時代制約的」な「政治のイデオロギー」という性格は、先に述べた「特別の教科　道徳」（道徳科）の「内容」「項目」にも如実に表れている。

人間の欲望と大企業の利潤の最大化が希求されて止まない今日のグローバリズムと市場原理主義のシステムの下で、貧富の格差の拡大や地球環境の破壊は、人びとに大きな危機感と不安感を抱かせている。格差の拡大や人間関係の分断化によって、寄る辺を失った人びとに募る不全感も最大化していると言えよう。

人びとの意識の深奥に澱のように溜まった不全感と、他方でたとえば「ＬＧＢＴＱ＋」に象徴される多様性の潮流が、既存の秩序の不安定化をもたらし、その結果、利潤獲得と資本蓄積の安定的な獲得に困難性がもたらされるのではないか、という危機感を持った側からの逆流が、今日の日本では引き起こされているのではないだろうか。こうして、一方で自己責任とか自助とかの言説を伴いながら、いわゆる新自由主義的な政策がいっそう推進されるのである。他方で、分断された「寄る辺」の構築、しかしあくまでも意識上の「一体感」を再構築していくために、愛国心などの価値の注入とが手を携えて登場してくるのである。

「寄る辺」を〝取り戻す〟価値として記憶に新しいのは、二〇〇六年の、第一次安倍政権の下でなされた教育基本法の改訂であった。「第二章　教育の目標」に「伝統と文化を尊重し、それらをはぐくんできた我が国と郷土を愛する」「態度を養う」ことが新しく明記されたのである。そして先に紹介した学習指導要領の学習すべき「内容」「項目」には次のようなものが列挙されるに至ったのである。「充実した家庭生活」「集団生活の充実」「遵法精神」「国を愛する態度」などなど、「寄る辺」構築のために要請されている価値（徳目）は挙げればきりがない。

もっとも以上述べてきた資本蓄積の拡大路線の推進と「寄る辺」構築とを両立させる国家政策は、明治の近代国民国家成立時の富国強兵政策と「教育勅語」の併存以来とも考えられるのである。富国強兵政策と教育勅語とが手を携えながら、「挙国一致」「国威発揚」の政策が推進され，その結果国民は泥沼の戦争へと駆り出されていったのである。

(2) 宗教と道徳を峻別した親鸞

これまで述べてきたように、道徳的な価値が「時代制約的」な「政治のイデオロギー」とならざるを得ないということは、道徳が、既存の秩序維持のためのいわば手段として機能してきたということでもあるのだ。

人間の生きる意味を探究していくことで、「発見」されていく「道徳の根拠」（前掲太田直道『生き方の道徳教育＝現代道徳哲学二十講』三学出版）が問われることがなければ、道徳は、現世の秩序（社会システム）を固定的に維持させていくための手段とされてしまうであろう。

道徳の根拠を問い、道徳を「時代制約」な「政治のイデオロギー」から解き放し、世俗の道徳価値を対象化し、相対化していくものが宗教的価値なのである。本書で強調してきたところによれば、大乗仏教の「自利利他円満」という価値が、世俗道徳を相対化する機能を有するのである。

道徳が「時代制約的」な「政治のイデオロギー」であるとするならば、道徳の徳目をいくらたくさん実践したとしても、所詮は真実の自己を発見はできないであろう。だから親鸞的に言えば、どんなにたくさんの道徳的善行を行ったとしても、それが往生の条件にはならないことを人は痛感して、他力の仏道へと飛躍していくのである。

秋元松代の戯曲では、共同体の構成員を縛る道徳的価値（世俗的な徳目）からこぼれ落ちた海尊が、宗教（仏教）によって救済されるというモチーフが採用されることはなかった。どこまでも、日本という共同体内部の暗闇が続くだけである。一人ひとりが、集団内の暗黙の価値的な縛り（同調圧力）を、海尊の存在によって、どれだけ自覚的に相対化できるかを、作者は問うているのである。

ただ本節では、仏教が既存の道徳的な価値を相対化するものであることを確認できればよい。つまり宗教（仏教）は、私たちに、道徳が「時代制約的」な「政治のイデオロギー」であることに気づかせてくれるのである。

ここで親鸞の次の言葉が想起される。

善悪のふたつ、総じてもって存知せざるなり。

（『歎異抄』「後序」、『註釈版聖典』八五三頁）

宗教（本書では仏教）は、自己の理性や良心さえも、そのあり方を徹底的に問い、ものごとを固定的に枠づけはしない。先に業縁的存在としての人間のあり方に触れたが、親鸞によれば、人間は「縁」次第で、あらゆる「悪」をも為してしまうものなのである。だから人間の「悪性」は、「善を為すべし」といった世俗の法律や道徳的規律をもってしては、救済できないのである。しかし親鸞の説くところによれば、法律や既存の世俗的道徳の秩序からこぼれ落ちた「悪人」が抹殺、排除されてよいはずはないのである。こうして親鸞においては、「悪人」、実はその可能性を秘めているこの私も含めて、あらゆる人びとは、阿弥陀仏によって摂取（救済）の対象とされるという教説が展開されるのである。

だから親鸞は、「悪人」を道徳的に矯正しようとはしない。「時代制約」な道徳の本性を深く認識していた親鸞においてこそ、道徳と宗教とは厳密に識別されていたのである。

先に触れておいたように、世俗的には道徳的な善行（たとえばお寺にたくさんの寄進をする）と思われていることをいくら量的に、たくさん為したとしても、それはその人の往生の条件にはならないのである。だから親鸞は、南無阿弥陀仏の念仏をたくさん称えれば称えるほどに、浄土に往生できるなどとは決して説かなかったのである。

ここで誤解をされる向きもあろう。親鸞を含めて、仏教は、一切の道徳を否定するのか、そうなると社会は無秩序な、「万人の万人に対する戦争」（T・ホッブズ）になるのではないか、という疑念である。確かに宗教は、世俗の道徳的価値を相対化するので、時に世俗の常識や権力と衝突することもある。しかし仏教の相対化というはたらきは、悪しき相対主義ではない。悪しき相対主義は、眼前の現実を高見から、あざ笑うといった冷笑的なニヒリズムを内包しており、結果的に現実の権力関係には無力である。それに対して仏教における相対化のはたらきとは、この私が、世俗のいかなる権威や権力にも拝跪することなく、古い自分の殻を脱ぎ捨てて、新しい人格主体を確立していくことが目指されるのである。

こうして仏教は、ニヒリズムの立場を否定する。大乗仏教は「自利利他円満」の生き方を目標とする。仏教はニヒリズムのように、「何のために」への答えを欠いてはいない。仏教は徹底した平和主義の立場をとる。仏教者は社会の平和のために生きる。だから仏教では、非戦平和、人権、福祉、環境などの諸価値を普遍的なものとみなす。したがって仏の慈悲という普遍の価値に反する戦争への参加は、仏道に反することなのである。そうした前提に立つ限り、多様な「縁」によって生かされている仏道を歩む人は、一律的で型にはまった社会参加を求められることはあり得ないはずである（阿満利麿前掲『信に生きる』一八〇頁）。

しかし先の大戦（アジア・太平洋戦争）に限っても、日本の仏教教団が、仏法の名の下に、国民を戦地に送り出し、戦争協力に邁進したという苦い経験を持っていることは、これまでも述べてきたところである。

『仏説無量寿経』には、「仏《ぶつ》」がめぐり歩く、国や地方そして集落（国邑《こくおう》・丘聚《くじゅ》）では、「天下和順《てんげわじゅん》し日月清明《にちげつしょうみょう》なり。」「国豊かに民安《たみやす》くして、兵戈《ひょうが》用ゐることなし」（『註釈版聖典』七三頁）と説かれている。兵戈《ひょうが》（ほこ）を用いない、ということは戦争をしないということである。あるいは『仏説観無量寿経』には、浄土に往生したいと願う者は、「慈心にして殺さず」（『註釈版聖典』九二頁）とある。つまり慈悲の心をもって、むやみに生き物（人間）を殺すなということである。若き釈尊が王家の位を捨てて出家をしたのも、このまま国王になれば、他国との戦争で多くの民を殺してしまうのではないか、という悲嘆からだったのかも知れない。

さらに『法句経』には、「すべての者は暴力におびえ、すべての者は死をおそれる。己が身にひきくらべて、殺してはならぬ、殺さしめてはならぬ」（中村元訳『ブッダの真理のことば』（ダンマパダ）、岩波文庫二八頁）とある。

先に挙げた上原専禄氏の言説に従うならば、一切衆生の救済を希求して止まない大乗仏教の

「本来の面目」に立てば、仏教者が「政治の問題を、具体的に現実的に掘りさげてゆくこと自体」によって、大乗仏教の「宗教性を一層深めてゆくことが可能」なのである（上原前掲書、二〇五頁）。仏教者が非戦平和の下に、政治の問題に積極的に取り組むことは、決して単なる政治主義ではない。さとりを妨げることなく、「安心《あんじん》」という宗教性を深めることになるというのである。逆に世俗のあり方を問うことのない「心の安心」は、結局は観念的な自己満足に陥ってしまうであろう。

仏教は、歴史を超越する立場にあるのだからという理由で、たとえ平和が脅かされそうな場合にあっても、世俗に関わり合うことを忌避して、価値中立の名の下に、眼前の秩序をそのまま黙認するというような立場には立たないことを再度確認しておこう。仏教で語られる平和とは、単に戦争のない状況をも超えて、私たちが人間らしく、一人の個人として、安心して暮らせるというレベルにまで及ぶものである。

5　宗教と道徳の区別

（1）「一種の道徳律」としての宗教

私は、一人ひとりの行動を内面的に規律する規範としての道徳（「行為の学」）そのものを否定する立場ではない。これまで述べてきたように、道徳が、既存の秩序（集団組織）を維持するための言説として、手段として機能させられることを否定するのである。

たとえば「公平」とか「公正」あるいは「社会正義」といった先の学習指導要領にも明記されている道徳的諸価値（教科の道徳科では学習すべき、立派な行為を促す徳目とされている）が、生活保護のいわゆる不正受給者をあぶり出す徳目として機能してしまっている現実もある。「公平」「公正」「社会正義」の名の下で、不正受給者を告発するのである。生活保護の受給者は、自助努力をしないで、権利ばかりを主張して、福祉に依存するだけの人というレッテルを貼られてしまう。こうして「公平」「公正」「社会正義」という価値が、既存の秩序からの排除の論理に使われてしまうのである。「正義」の名の下の排除の論理は、自分の頭で考え、主張することを怖れさせ、社会全体を萎縮させてしまうであろう。

このように道徳が、ある集団組織（広くは世俗社会という「世間」）の秩序を維持するために、異質とみなされた少数者を排除するための手段として機能することを警戒し、道徳の根拠を探求してゆき、道徳の手段化を抑制するはたらきとして、私は、仏教（宗教）の存在に注目をするのである。

近代の市民道徳は、狭い共同体（集団組織）内部の諸価値を固定的に維持していくことを使命とするものではない。近代の市民道徳的諸価値は、お互いに異質で多様な他者同士が、多様に関わり合う公共の領域の中で、新たに創造されていくものである。そしてそこで問われる道徳的価値とは、一人ひとりの個人が、人間らしく生存してゆけるために、公共の領域を、どのように創り変えてゆくのかという、「変革」の課題をも問う内面的な規範なのである。そして「変革」にあっては、誰のための、何のための、どのような変革なのかという問いかけが、常になされていなければならないのである。「変革」「改革」という言葉の一人歩きには、危うさが潜んでいる。

したがって、そうした道徳の根拠を問う宗教も、個人的な心構え論と同一視されることなく、近現代の「社会」にどのように参画していき、どのように責任を果たしてゆくのかということが求められているのである。

そのためにも、仏教が、「世間」という共同体で常識とされている諸価値を対象化し、相対化して、一人ひとりを同調圧力から解き放つための「因」の究明に寄与することがなければ、現代を担う仏教としては、時代遅れとなってしまうであろう。

ちなみに鴻上、佐藤両氏による前掲書では、「世間」とは、「現在及び将来、自分に関係がある人たちだけで形成される世界」(三二頁)、あるいは「日本人が集団となったときに発生する力学」(三四頁)と規定されている。このような「力学」を内包しているがゆえに、「世間」では「同調圧力などの権力的な関係が生まれる」（三四頁）のである。他方同書において「社会」とは、「ばらばらの個人から成り立っていて、個人の結びつきが法律で定められている人間関係」（三三頁）とされている。

　ところが今日の日本社会においても、仏教が宗教としてではなく、「本来宗教的なものが道徳的なものとして受けとられ、一種の道徳律として作用している」実情（上原前掲書、一八四頁）も存在しているのである。ただちに思い浮かぶことは、親が子に説教する言葉である。「嘘つくと、閻魔様に舌を抜かれるぞ」など、挙げればきりがない。以前紹介をしたことのある「善因善果・悪因悪果」論などはその典型であろう。仏教の教理と儒教的な道徳が習合してしまっているのである。

　上原専祿氏の前述の指摘のように、仏教が道徳律として作用しているということは、仏教も道徳と同じように「時代制約的」な、「政治のイデオロギー」と同一視されてしまう可能性を内包しているのである。そうなると、宗教は、世俗の諸価値を相対化していくはたらきを喪失してしまい、道徳と同じように、既存の秩序維持のための手段とされてしまう危うさを抱え込んでしまうであろう。宗教者は、こうした宗教の抱える在りように自覚的であらねばならない。

　宗教法人としての個々の寺院が、文字通り公益法人であるとするならば、仏教の精神と眼前の政治や経済とのむすびつきに自覚的でなければならない。つまり同時代を生きる当事者として、時代情況に対して発言をし、行動しなければならないと思う。寺院と個人がこれからも、先祖供養という墓参りだけでつながっていくのでは、寺は先細りするだけである。信仰（信心）と社会的智見とはむすびついていくべきである。

（2）生き方としての「自利利他円満」と親鸞の「非僧非俗」

①宗教や道徳は個人の「心の問題」か？

これまで宗教と道徳が区別されることなく、宗教が「一種の道徳律として作用している」ことについて述べてきた。一方で今日においては、宗教（仏教）が、仏前で受験合格や良縁祈願といった現世利益を願うというように、呪術化されてしまっている現実もある。こうした現実によって、宗教が世俗の道徳的諸価値（徳目）を相対化するはたらきを喪失してしまう危うさを、私はこれまでも指摘してきた。

このような現実が存在してしまう原因として考えられることは、宗教も道徳も、個人の心の問題あるいは精神的な心掛け主義として捉えられているのではなかろうか。心掛け主義の目指すところは、もっぱら世俗のルールを遵守して、他人と摩擦のない、「良好な」人間関係を築くことで「自己実現」を図るということにあるのではないか。「他人に迷惑をかけるな」という世俗の価値観（道徳的命題）に典型的に現れている。迷惑をかける――迷惑をかけられるという関係、あるいは支え－支えられる関係は、いつでも反転して、この私自身に迫り来るものであることを、私たちは忘れてはならない。

「他人に迷惑をかけるな」という価値観は、自己責任論と結びつくと、全体（集団組織）のために成果を出せなかった、つまり利他できなかった自分の至らなさを「反省」する言説となって機能してしまうのである。「他人に迷惑をかけるな」という価値観が徹底している集団組織では、暗黙のルールに従うといった同調圧力が強まり、お互いの人間関係が、非寛容になる危うさを抱え込んでしまうであろう。したがって「他人に迷惑をかけるな」という価値観が過剰に行き渡っている社会（集団組織）では、異質の他者同士が「連帯」するという価値観は生まれようがないのである。

浄土真宗本願寺派の学僧である山崎龍明師は、その著で次のように主張している。「仏法によって『私』を問い、『社会』（世俗）を問うことによって、人間と『社会』の嘘（虚妄）がはじめてみえてくる。（本文改行）仏教は人間社会の只中で学ぶことによって、はじめて積極的な意味をもってくる。人間と社会をきり離したところでの仏教の学びは、それ自身仏教の死である。習俗として、単なる儀礼として、幸福追求の道具としての仏教から訣別」しようと強く語りかけておられる。（『仏教へのいざない』方丈堂出版、一九四～一九五頁）

②「自利利他円満」・「非僧非俗」

これまで宗教（仏教）と道徳が峻別されることの意味と両者の関係について述べてきた。道徳は、常に自らのあり方が「時代制約的」であることを謙虚に自覚しなければならない。日本の中近世にあって、道徳は所与の共同体の約束事、それも変わることのない暗黙のルールとして、共同体の構成員を縛ってきた。翻って近現代では、道徳は公共領域の維持とともに、その変革にどのように関わりあってゆくのか、そのためにはどのように社会参加を果たしていったらよいのか、という社会倫理的な課題があらためて問われているのである。つまり道徳的価値が、世俗（世間）の固定的な維持のために、手段化されることへの警戒を、私たちは自覚していなければならないということなのである。

そうした道徳の「時代制約的」な限界を自覚させてくれる、つまり道徳の根拠を問い、その価値を相対化させてくれるはたらきを、仏教の教義は担っているのである。換言するならば、仏教は世俗道徳の価値（観）をチェックするはたらきを内包しているのである。

したがって仏教は、世俗に埋没したり、迎合することがあってはならないのである。前掲書で山崎龍明師は、「仏教は『法』によって自己変革を果たし、法によって世俗そのものを問いつつ、新たな世界を切り開くものである」（一八六頁）と述べている。

こうした仏教の世俗に対する関わり方を示す価値として、そして同時に仏教自身が独りよがりに陥ることを警戒するために、大乗仏教の「自利利他円満」という価値に注目するのである。「円満」とは、自利か利他かという、あれかこれかの議論を指すものではない。「自利利他円満」によれば、自利を利己主義と同等とみなして、それを悪とすることはない。自利とは、「他者の発見」という大乗仏教の「面目」そして親鸞的に言えば、他者とともに念仏を申して、「仏に成る身に成」っていくという、この私の仏道を指すのである。

他方で、「自利利他円満」は、利他をもっぱら、全体の役に立つために、この私は存在するのだという一律な〝みんな主義〟を善とみなすものではない。〝みんな主義〟は、時として同調圧力となって、組織集団の構成員に重くのしかかる。

こうして「自利利他円満」とは、自利か利他かの二元論に基づく、あれかこれかの是非論ではない。異質の他者どうしの人間関係である「社会」での生き方を指し示す価値なのである。したがって自利と利他とが「円満」する生き方とは、必然的に、異質の他者との「連帯」に向けて、ひらかれた対話をともなうものでなければならない。連帯は、個人個人が対話によって一致点を求め、その一致点に基づいて行動する、人間関係の作法と言ってよい。

以上述べてきた「自利利他円満」を要とする仏法を指針として、世俗に迎合することなく、世俗の中で、仏道を歩んでいく自らの生き方として、親鸞は「非僧非俗」を宣言したのである。「僧にあらず俗にあらず」（非僧非俗）という文言は、親鸞の主著『教行信証』「化身土巻」の

「後序」に記されている（『註釈版聖典』四七一～四七二頁）。

承元一年（一二〇七年）の後鳥羽院による専修念仏《せんじゆねんぶつ》弾圧の法難について、その不当性を親鸞が強い怒りをもって、縷々したためた文章である。親鸞、法然は還俗《げんぞく》させられ、親鸞は藤井善信《よしざね》、法然は藤井元彦と姓名を改めさせられたうえで、親鸞は越後国、法然は土佐、実際は讃岐国へ流罪となった。後に親鸞は自らの書の奥付に、「愚禿《ぐとく》釈の（親）鸞」と自著するようになった。「禿」とは、剃髪をしていないことを示している。つまり「禿」とは非僧を示す。

当時国家の定めた「僧尼令」によって権威づけられていた僧籍は剥奪されたけれども、法衣を着けて世俗の権威にこびず、同時に名誉欲や財産欲に執着しないで、念仏者として生きるのだから、単なる俗人でもない（非俗）、というわけである。時の権力に対して、親鸞の矜持を示したものなのだろう。ここで親鸞が、僧か俗かといった、単純な二元論の立場をとっていないことが大事である。

山崎龍明師は「出家、在家などという既成の枠組はすでに親鸞において解体されていたことは言うまでもない。親鸞の仏教は在家仏教ではない。在俗のままで非俗をめざす新たなる仏教であった。」と述べている（前掲書、一八三頁）。

念仏者の端くれに身を置く私がこれからも歩んでゆく仏道を支える生き方として、親鸞の「非僧非俗」は、社会（世俗）の中でこそ、仏法は学ばれるべきであることを深く確信させてくれる生き方なのである。

(3) 宮沢賢治・宗教・道徳——補論として

仏教は、軽薄な人生論に味付けをする「調味料」などではない(山崎龍明前掲『仏教へのいざない』一八五頁)。言うまでもなく、敬虔な法華教徒であった宮沢賢治が、仏教を自らの「人生論」の「調味料」としていたわけではない。しかし賢治が、宗教と道徳の区別を厳密に意識していたかどうかは不明である。ここで本書で以前にも紹介をした、賢治の「二十六夜」をとりあげてみることにしよう。

「梟《ふくろう》の坊さん」が滔滔と説く説法と経が、物語の柱を形成している。物語では、仏教の諸概念や用語をふんだんに採り入れながら、一大法義が展開される。

「昼はすなわち日光を懼《おそ》れまた人および諸の強鳥を恐る」。しかし夜ともなれば、静かに安眠を得ている「小禽」を切り裂いて、むさぼり食わなければ生きてゆけない「宿業」が、梟の坊さんによって語られるのである。坊さんはいかめしい声で語る。「どこどこまでも悪因悪果、悪果によって新たに悪因をつくる」。他の梟は、我が身の宿業に涙するばかりである。この宿業を嘆き苦しむパターンは、「よだかの星」や「銀河鉄道の夜」の「蠍の火」のエピソードと同じである。

そして「二十六夜」という物語の構成では、「善因善果悪因悪果」という世俗的な道徳の論理が念頭におかれているといってもよかろう。では一切衆生たる梟たちが、こうした悪因悪果の連鎖の宿業から「離苦解脱」できる道はあるのか。

物語は、少年梟「穂吉」が、人間に捕まり、足を折られ、最後の臨終の場面にいたる。賢治が創作した「施身大菩薩」たる「疾翔大力《しっしょうだりき》」が死者（穂吉）を迎えに来迎《らいごう》するのである。梟たちの讃嘆（「南無疾翔大力《しっしょうだりき》」）の唱和の中で、穂吉は息をひきとるのである。以前にも指摘したが、阿弥陀如来が、勢至菩薩と観音菩薩を従えて、死者を迎えに来る「弥陀来迎」を彷彿とさせる場面である。

私は先に、日本人が好む処世訓である「善因善果・悪因悪果」論にひそむ危うさを指摘しておいた（第3章参照）。道徳的処世訓とは異なる、仏教の因果論では、善あるいは悪の「因」がたくさん為されたのだから、たくさんの善あるいは悪の「果」がもたらされた、というように、因と果を数値化された関係とはみなさないのである。

親鸞はその手紙（「消息」）の中で、浄土に往生したいと願う人の臨終に、阿弥陀仏が二菩薩を従えて、迎えに来るという「臨終来迎」をたのみとすることを否定しているのである。なぜならば、これまでにも述べたように、信心が定まった人は、必ずさとりを開いて、仏になることが正《まさ》しく定まっているともがら（同輩）である「正定聚《しょうじょうじゅ》の位に住」しているからである。親鸞は、「このゆゑに臨終まつことなし、来迎たのむことなし。信心定まるとき往生また定まるなり」（『註釈版聖典』七三五頁）と門弟に宛てた手紙にしたためている。

親鸞にとって、来迎の思想はなぜ否定されるのか。浄土真宗本願寺派中央仏教学院の通信教育テキスト（専修課程三年次「真宗Ⅰ」、執筆者は中西智海師）の記述を基にまとめてみよう。この思想は、平安時代末期から鎌倉時代にかけての浄土教の系列に受け入れられた形態であった。当時の貴族たちにとって、この世は、安穏な世界とはいえず、「いやなところ」であり、離れたいところであった。逆に「浄土」は、来世の楽しく、願いの叶えられるところと意識されていたのである。「厭離穢土《おんりえど》・欣求浄土《ごんぐじょうど》」である。来迎思想では、この世への絶望感によって、この世の世界が単純に否定され、死後の世界が単純に肯定されるのであった。現実の世界が単純に否定された結果、現世での仏道修行は、もっぱらあの世に往かれる（度する）ための呪術的な色彩を濃くしていったのである。

親鸞の説く仏道は神秘的な呪術とは無縁である。他力の仏道とは単純に現世をありがたやと肯定するものではない。反対に単純に否定するものでもない。この現世は、自己の煩悩や無明性が徹底的に問われた結果、古い自己と決別し、新しい人格の形成に向けて、この私が雄々しく生きていく場なのである。

「二十六夜」において、賢治が「厭離穢土・欣求浄土」の意識を抱え込んでいたのかどうか。

「二十六夜」は、あくまでも文学作品なのである。宗教と道徳あるいは人生の処世訓が渾然一体となっていても、賢治を論難する理由にはならない。賢治の多彩で、時にはあちこちに飛躍して止まない知識は、仏教という大きな法義の下で、調和させられているのである。この調和能力こそ、彼の文学的天才さを物語るものであろう。

しかし一方で、賢治が、「本当のしあわせ」を求めて、自身で描き出す宇宙世界を設計図もなく、一途に掘り進む、その純粋で無垢な生き方に、私はかえってある種の危うさを感じるのである。私自身は、生き方の設計図を「自利利他円満」を要とする大乗仏教の教えと、親鸞の説いた教義そして非僧非俗の生き方に求めるものである。仏法の学びは、常に世俗の中でこそ果たされなければ、主観的な観念論に陥ってしまうであろう。

最後に宮沢賢治研究者の言葉を紹介しておこう。「賢治は篤い信仰心をもっていたにもかかわらず、(略)最後の最後まで悟りを得ることはありませんでした。もし悟っていたら、賢治は表現活動を続けてはいなかったでしょう。迷いこそが、賢治を文学者たらしめていた原動力であった」(山下聖美前掲書『集中講義宮沢賢治』一八七〜一八八頁)というのである。山下氏は「ほんとうの幸い」を探し求めて、迷い続ける、未完の人間のあり方にこそ、文学者宮沢賢治の真骨頂を見いだしているのであろう。

あとがき――政治状況への批判の作法について

本書は折をみては書きためてきた原稿を、一冊にまとめたものである。したがって、同じ主張や文言が繰り返されて、書物としての構成が、いささかくどくなってしまった。ただ有り体に言うならば、本書は宗教とりわけ仏教に無縁の多くの方々に、仏教的価値やその生き方に関心を持っていただくことを願って執筆されたものなので、繰り返しはやむを得ないこととして、寛恕されたい。

本書では、現代の政治・経済状況に対して、批判的言辞が多々展開されている。私自身は宗教者の端くれに身を置く者として、つとにもどかしく感じていることがある。

巨大教団が、社会に開かれた仏教というスローガンを掲げることには、私自身は大いに首肯するものである。ただそこで言われる開かれた「社会性」が、お寺で開催されるコンサートなどのイベントや「坊主バー」であったり、時には婚活相談がもっぱらに注目をされて、それが開かれた「社会性」とされていることにいささかの違和感を感じるのである。

私は、この日本の現状と進むべき進路に強い関心を持っている。とりわけ仏教の教義から必然的に導き出される非戦平和の教えに反するとしか思えない現状には大きな不安感や危機感を抱いている。巨大教団は、おかしいぞという声を、なぜ上げないのであろうか。

本書では、宗教者が眼前の政治状況に関わろうとしない理由として、宗教の超越的立場から、世俗に踏み込むことを忌避したり、はたまた政教分離の立場から、宗教者としての具体的な発言を控えるといった声があることも承知をした上で、私見を述べておいた。

私がここでとくに強調して述べておきたいことは、眼前の政治状況への批判の作法なのである。私は、宗教者としては、ある政治的な「立場」を大前提として、そこから演繹的に批判あるいは批難をしていくという作法はとらない。そうした批判の作法を外在的な批判と呼んでおこう。外在的な批判では、政治的立場を異にする言説との間で、空中戦が演じられるだけなのである。つまりお互いを排除しあう、声高なモノローグに終始してしまうのである。

宗教者としての私は前述した外在的（イデオロギー的）批判ではなく、人間のあり方が深く認識されたところに成立する仏教の法義から必然的に導き出される論理によって、批判をしていく作法に心したいのである。お互いに固有の存在（業縁的存在）である異質の他者を、無視したり、排除するのではなく、開かれた対話（ダイアローグ）が可能となる社会の創造を目指したいのである。ましてや、権力を持っている者が、少数者を力をもって抑圧する社会は何としてでも実現させてはならない。

仏教の教義では、非戦平和の論理やヒューマニズムの価値意識は、一人ひとりの心の内奥に応じて、多様に、かつ素朴に語られているのである。「対機説法」とも「応病与薬」とも言い習わされていることである。「対機説法」とは衆生（「機」）の状況に応じて説法をするという意味で、医者が患者の病に応じて薬を与える「応病与薬」と同趣旨である。以上述べてきたような批判の作法を、外在的（イデオロギー的）な批判に対して、内在的な批判としておこう。

私は、在俗のままで、非僧非俗を貫いた親鸞の生き方に習い、「他者」を発見した大乗仏教の「自利利他円満」を人生の設計図として、他者とともに生きる意味を問い続ける仏法の道を歩んでいきたい。そして声を上げ、行動する仏教のあり方を、同朋や先人、先学たちの実践から学んでいきたい。さらに言えば、未来の日本のありようを構想する力（構想力）を、私とは異なる業縁的存在である他者との対話によって、鍛えあげていきたい。

最後に本書が成り立つにあたっては、たくさんの先学の著書や学友、法友の助言に助けられた。特に記して感謝しておきたいお二方がおられる。宮沢賢治の研究者である大妻女子大学の杉浦静教授には、私の問題意識をお伝えしたところ、たくさんの貴重な資料のコピーを早速に送付していただいた。宮沢賢治についての本書の論述では、欠かすことのできない文献資料となった。

もうひとかたは、現在都立高校で、「自立支援」のための「ユース・アドバイザー」として活動しておられる斎藤晴子氏である。斎藤氏には中学校の道徳の教科書の購入と分析で労を執っていただいた。さらに宮沢賢治と道徳の論述を中心に、本書全体の粗稿の段階でも目を通していただき、貴重な意見を率直かつ丁寧に述べていただいた。お二人には、あらためて感謝あるのみである。

◇参考文献

秋元松代『常陸坊海尊　かさぶた式部考』講談社文芸文庫
阿満利麿『行動する仏教——法然・親鸞の教えを受けつぐ』ちくま学芸文庫
同『信に生きる——親鸞』、「仏教に生きる」九、中央公論新社
同『「教行信証」入門』筑摩書房
同『社会をつくる仏教』人文書院
天沢退二郎編『新編　宮沢賢治詩集』新潮文庫
石原莞爾『世界最終戦争［新書版］』毎日ワンズ
井上ひさし『イーハトーボの劇列車』新潮文庫
色川大吉「歴史家の見た宮沢賢治」「〈色川大吉講演・補論〉賢治の国柱会とベジタリアン大祭」（ともに『宮沢賢治研究Annual』第六号所収）
植木雅俊『サンスクリット版縮訳　法華経』角川ソフィア文庫
同『今を生きるための仏教一〇〇話』平凡社新書
上原専禄「国民文化と仏教」『著作集』第二六巻、評論社
碓井敏正『成熟社会における人権、道徳、民主主義』文理閣
大内秀明『ウイリアム・モリスのマルクス主義』平凡社新書
同『日本におけるコミュニタリアニズム——土着社会主義の水脈を求めて』社会評論社
太田直道『生き方の道徳教育＝現代道徳哲学二十講』三学出版
大竹晋『大乗非仏説をこえて——大乗仏教は何のためにあるのか』国書刊行会
岡田斗司夫・内田樹『評価と贈与の経済学』徳間書店
丘山新『菩薩の願い——大乗仏教のめざすもの』NHKライブラリー

尾畑文正「仏教と現実社会――ブラジルでの生活を通して」上下、『東京新聞』二〇一九年九月二九日、一〇月六日
梯實圓『親鸞聖人の信心と念佛』自照社出版
君野隆久『捨身の仏教――日本における菩薩本生譚』角川選書
教学伝道研究センター編纂『浄土真宗聖典（註釈版）』本願寺出版社、引用では『註釈版聖典』と略す
栗原敦「宮沢賢治の仏教とはどのようなものであったか（上）――「法華経」との出会いまで」（『実践国文学』第八〇号、二〇一一年）
同「『労農党』のこと」『賢治研究』一二八号
鴻上尚史、佐藤直樹『同調圧力――日本社会はなぜ息苦しいのか』（講談社現代新書）
河野哲也『道徳を問い直す――リベラリズムと教育のゆくえ』ちくま新書
小林英夫『昭和ファシストの群像』校倉書房
小森陽一・成田龍一編『「井上ひさし」を読む――人生を肯定するまなざし』集英社新書
今野勉『宮沢賢治の真実――修羅を生きた詩人』新潮文庫
坂本幸男・岩本裕訳注『法華経』上・中・下、岩波文庫
信樂峻麿『親鸞の真宗か　蓮如の真宗か』方丈堂出版
同『真宗の本義』法蔵館
同『親鸞とその思想』法蔵館
島薗進『日本仏教の社会倫理――「正法」理念から考える』岩波書店
末木文美士『仏典をよむ――死からはじまる仏教史』新潮社
大法輪閣編集部編『この世とあの世【講演集】』大法輪閣
ちくま日本文学（第三巻）『宮沢賢治』、筑摩書房
手塚治虫・小森陽一解説『手塚マンガで憲法九条をよむ』子どもの未来社
中島岳志『超国家主義――煩悶する青年とナショナリズム』筑摩書房

同『親鸞と日本主義』新潮選書
中島岳志・島薗進『愛国と信仰の構造――全体主義はよみがえるか』集英社新書
中村元訳『ブッダの真理のことば　感興のことば』岩波文庫
同『ブッダ最後の旅――大パリニッバーナ経』岩波文庫
野崎守英「悪しき者の倫理――秋元松代『常陸坊海尊』」、『宣長と小林秀雄――日本人の「知」と「信」』名著刊行会
服部進治『葛藤を組織する授業――アナログな知性へのこだわり』同時代社
平岡聡『浄土思想史講義――聖典解釈の歴史をひもとく』春秋社
ひろさちや『大乗仏教の真実――インド仏教の歴史』春秋社
松下良平『道徳教育はホントに道徳的か?――「生きづらさ」の背景を探る』日本図書センター
松原泰道『法華経入門――七つの比喩にこめられた真実』祥伝社
見田宗介『宮沢賢治　存在の祭りの中へ』岩波現代文庫
守中高明『他力の哲学――赦し・ほどこし・往生』河出書房新社
山崎龍明『歎異抄を語る』上下、NHK出版
同『仏教へのいざない』方丈堂出版
山下聖美『集中講義　宮沢賢治』NHK出版
山本聡美『九相図をよむ――朽ちてゆく死体の美術史』角川選書
吉野源三郎『君たちはどう生きるか』岩波文庫

著者略歴
服部進治（はっとり・しんじ）
1947年生まれ。東京教育大学文学部哲学科卒業。都立高校の教員を経て大学教員の在職中に浄土真宗本願寺派で得度をする。現在同派僧侶。宗教者の立場から、非戦平和の運動にかかわっている。著書に『葛藤を組織する授業―アナログな知性へのこだわり』（同時代社）、その他編著『現代教育の思想水脈』（同時代社）など、多数。

行動する「自利利他円満」の仏教
――宮沢賢治・親鸞・道徳論をめぐる断章

2021年4月5日　　初版第1刷発行

著　者　服部進治
装　幀　クリエイティブ・コンセプト
発行者　川上　隆
発行所　同時代社
〒101-0065　東京都千代田区西神田2-7-6
電話　03(3261)3149　FAX　03(3261)3237
組　版　有限会社閏月社
印　刷　精文堂印刷株式会社

ISBN978-4-88683-897-1